BIBLIOTHÈQUE
ST-NORBERT

D1101980

BIBLIOTHÈQUE
M.N.E.F.

ERIC CLAPTON

JEAN-ÉMILE NÉAUMET
PATRICK VERBEKE

ERIC CLAPTON

Un gentleman guitariste

ÉDITIONS DU ROCHER
Jean-Paul Bertrand
Éditeur

Tous droits de traduction, de reproduction et d'adaptation réservés
pour tous pays.

© Éditions du Rocher, 1994

ISBN 2 268 01882 2

À Lucienne Voy.
Avec tout mon amour.

J.-E. N.

À Monica V.
Qui serait pourtant bien capable de me quitter
pour LUI.

P.V.

*Qui a dit que les excès
menaient à la sagesse ?
Je crois à ça... Enfin, seulement
pour certaines personnes.
Je ne le recommanderai pas
à tout le monde...*

Eric Clapton.

PROLOGUE

DE L'ART DE DÉVOILER SON ÂME

> *La mort de mon fils, ainsi que celle de Stevie Ray Vaughan, m'ont appris que la vie était plus que fragile. Les prochaines vingt-quatre heures que vous pouvez encore arracher à la mort sont une bénédiction. Je ne vois pas d'autre façon de considérer la vie.*

16 janvier 1992, Berkshire, Angleterre.

Les studios Bray, loués par la chaîne MTV, baignent dans une semi-pénombre. Quelques rais de lumière sont dirigés sur la scène où attendent piano, guitares et congas. Embusqués derrière leurs caméras, les opérateurs peinent à distinguer la centaine de spectateurs entassée sur les gradins entourant le plateau. Aux murs de la salle, une rangée de spots diffuse un faible halo

11

rougeâtre. On se croirait dans un pub, une église. Ou les deux à la fois.

Le public parle à voix basse, les techniciens ne s'interpellent que par gestes, comme si personne n'osait venir troubler l'alchimie de l'attente, en savourer chaque seconde.

Enfin, la lumière enveloppe délicatement la scène. Discrète, réservée, comme l'ovation saluant l'arrivée de l'homme qui vient de s'asseoir sur une chaise et d'empoigner une guitare classique. Il est vêtu d'un costume sombre, dont l'austérité quasi monastique est à peine égayée par une chemise à carreaux aux teintes délavées. Son visage fin, encadré de cheveux châtain foncé, coupés mi-longs, est rehaussé d'une barbe de plusieurs jours. Derrière les lunettes à monture d'écaille, le regard est droit, clair – tranchant, presque – quoique adouci par la mèche qui ondoie sur le front.

Les autres musiciens ont pris place. Deux percussionnistes, autant de choristes, un pianiste, un guitariste rythmique, un bassiste. Le minimum syndical, en quelque sorte.

L'homme sourit au public, l'air un rien timide.

Puis, tandis que le visage se mure derrière son impassibilité coutumière, la main gauche, elle, semble être animée d'une vie propre, courant sur le manche de l'instrument, telle une araignée de chair, alors que l'autre égrène ses arpèges sur les cordes de l'instrument.

Eric Clapton joue les premières mesures de *Signe*. Un titre instrumental, à la nostalgie guillerette, enregistré en octobre 1991, aux studios Village Recorder de Los Angeles, mais qu'il joue, ce soir, pour la première fois en public. Il enchaîne ensuite sur deux standards du blues, *Hey Hey* et *Before you accuse me*, respectivement signés par Big Bill Broonzy et le légendaire E. McDaniels, plus connu sous le pseudonyme de Bo Diddley

Pour le public, jeune, très jeune, de MTV, la chaîne musicale et commerciale par excellence, le spectacle a quelque chose d'irréel. Habituée aux déferlantes de décibels, aux hurlements des guitares, aux batteries transformées en orgues de Staline, aux flashes des stroboscopes, au clinquant de la forme et à la vacuité du fond, l'assistance découvre l'élégance sans artifice d'un presque quinquagénaire. Lequel, impassible, tranquillement installé sur une chaise, joue sur une simple guitare acoustique, entouré d'une poignée de musiciens dont le moins qu'on puisse dire est qu'ils ne génèrent pas un mur sonore.

Et pourtant, la magie du blues opère, portée par la grâce des trois accords et des douze mesures. La voix, au timbre légèrement cassé, pleure, susurre, se fait tour à tour rauque et aérienne. Elle envoûte, frappe au cœur, cogne au ventre.

En fait, c'est un peu une bête curieuse que les gens sont venus voir. Un monument, un mythe vivant, dont les premiers faits d'arme remontent à une trentaine d'années. Pour certains, il s'agit d'une découverte ; pour d'autres, d'un de ces vieux compagnons qu'on aime à retrouver les jours de fête, les soirs de tristesse.

Laissant fondre dans le silence les derniers cris et vivats, Eric Clapton ferme les yeux. Son visage se contracte un moment, avant de retrouver une expression plus sereine. Puis, religieusement, il laisse couler les premiers accords de *Tears in heaven*, la chanson qu'il a dédiée à son fils Conor, mort à l'âge de trois ans, d'une chute de près de cinquante étages.

> *Sauras-tu mon nom*
> *Si tu me retrouves au paradis ?*
> *Est-ce que ce sera encore pareil*
> *Si je te retrouve au paradis ?*
> *Je dois rester fort*
> *Et continuer.*
> *Car je sais que bientôt*
> *J'y serai, au paradis.*
> *Me tiendras-tu la main*
> *Si je te retrouve au paradis ?*
> *M'aideras-tu à tenir bon*
> *Si je te retrouve au paradis ?*

Par instants, la voix se brise, tandis que derrière le chanteur transparaît le père brisé. Les dernières notes, cristallines, ont la couleur des larmes. Eric Clapton rouvre les yeux, murmure un « merci » à l'intention des spectateurs qui frappent dans leurs mains à s'en éclater les phalanges.

Un pâle sourire éclaire alors son visage.

Alex Coletti, le producteur de cette émission, sobrement intitulée *Unplugged* [1], explique dans une interview accordée au magazine *American Graffiti* : « *Ce soir, Eric Clapton a dévoilé son âme. Le public ne s'y est pas trompé.* »

On ne saurait mieux dire, sachant que l'enregistrement de cette émission, *Eric Clapton Unplugged*, allait se vendre à plus de douze millions d'exemplaires dans

1. Débranché.

le monde... Le plus grand succès de sa carrière, que viendra couronner, en février 1993, la remise de six *Grammy Awards* : meilleur chanteur pop, meilleur chanteur rock, single de l'année pour *Tears in heaven*, album de l'année, avec *Unplugged*, chanson de l'année, encore, pour *Tears in heaven*, et meilleure chanson rock avec *Layla*.

Mais, lors de cette émission historique, une chanson, mieux que toutes les autres, devait résumer à la fois l'homme et sa vie : *Nobody knows you when you're down and out*.

Un titre interprété dans les années vingt par Bessie Smith, l'impératrice du blues. Une Noire américaine qu'on laissa mourir en pleine rue, sur le trottoir, devant un hôpital dont on lui refusait l'entrée pour le simple motif qu'il était interdit aux gens de couleur.

Une chanson qui fut l'une des premières qu'Eric Clapton joua dans les clubs, au début des années soixante. « *La seule qu'à l'époque je savais chanter correctement !* avoua-t-il au sortir d'*Unplugged*. *Ensuite, je l'ai souvent reprise sur scène avec* Derek et les Dominos, *mais, ce soir, je l'ai jouée comme je l'interprétais autrefois : seul avec une guitare acoustique.* »

Nobody knows you when you're down and out. Personne ne vous connaît plus quand vous touchez le fond...

Un fond qu'il a touché à de multiples reprises, qui avait plusieurs noms et autant de visages : drogue, alcool, malheur, souffrance et mort des amis les plus chers. Ce fond, chaque fois qu'il s'en arrachait, c'était pour mieux y retomber. Toujours, il s'en relevait, exorcisant, un à un, ses démons intérieurs.

En cette année où il fêtera bientôt son demi-siècle, où, après avoir si souvent sombré, il se tient encore là, debout, au sommet de sa popularité et de son art, il n'est que temps de vous conter la vie de ce survivant, la geste de cet éternel phénix que la presse anglaise avait autrefois surnommé le « dieu à la main lente ».

Écoutez donc la légende du chevalier à la six cordes.

Celle d'Eric Clapton, le gentleman guitariste.

Mais pour cela, il va nous falloir retourner en Angleterre, dans le Surrey, au mois de novembre 1944...

I

UNE PETITE GUITARE ACHETÉE À CRÉDIT

Je suis devenu une star du rock, même si ce n'était pas mon intention première. Voilà comment les choses ont tourné. Aujourd'hui, je m'en réjouis.

Il était environ huit heures du matin quand le transport de troupes quitta l'espace aérien britannique. C'était un de ces gros avions militaires aux moteurs perpétuellement enroués, à la carlingue usée, dont la peinture vert kaki s'écaillait par endroits. Deux minutes auparavant, il décollait d'une des bases essaimées par les Américains en Angleterre, qui avaient servi de points d'appui au débarquement du 6 juin 1944. Les hommes qu'il portait en son flanc s'apprêtaient à profiter d'une permission plus que méritée, après les terribles combats menés sur les côtes normandes.

Trop chargé, il peinait visiblement à traverser l'épais manteau de nuages qui s'amoncelaient dans le ciel du Royaume-Uni depuis plusieurs semaines. Le pilote, un grand gaillard à la stature de colosse et à la chevelure aussi flamboyante qu'un feu de grange, ne semblait pas s'en inquiéter plus que ça : il tirait négligemment sur son manche à balai. Comme tous les aviateurs de l'US Air Force, il portait un blouson au cuir élimé, chamarré d'inscriptions et de dessins aux significations hermétiques. Il finit par se tourner vers son copilote, arrêta un instant de mâchouiller son chewing-gum, et lâcha, philosophe :

– Je crois qu'on va finir par arracher cette putain de carcasse du plancher des vaches.

Le transport de troupes finit par prendre de l'altitude. Impitoyablement, les ailes hachaient menu les nuages qui s'effilochaient autour du fuselage. Presque mètre par mètre, l'appareil daignait enfin s'extraire du matelas de nimbes cotonneux, rejoignant l'azur, le soleil, la lumière.

À l'arrière du quadrimoteur, assis sur l'un des deux bancs courant tout au long de l'appareil, un homme regardait au travers d'un hublot. Les yeux fixés sur l'horizon, écarquillés, comme s'il avait pu déjà apercevoir sa terre natale : le Canada. Là où l'attendait cette famille qu'il n'avait pas vue depuis près de deux ans.

En cette matinée de novembre 1944, Edward Fryer était le plus heureux des hommes. Il l'aurait probablement moins été s'il avait su qu'il abandonnait un être que jamais il ne connaîtrait.

Ripley, 30 mars 1945, quatre mois plus tard.

L'hôpital de la ville était si grisâtre qu'il avait l'air d'une morgue. Le secteur réservé à la maternité n'était guère plus joyeux.

– Oui, c'est la cinquième, cette semaine, remarqua, mi-figue, mi-raisin, une infirmière, amène comme une porte de cimetière breton un soir d'orage…

– Bah ! répondit sa collègue, qui était aussi large que haute, ce sont les aléas de la guerre…

En l'occurrence, « l'aléa de la guerre » était de sexe mâle, se prénommait Eric Patrick, pesait à peine trois kilos, avait le cheveu blond foncé, et une mère répondant au nom de Patricia Molly Clapton. Le père, quant à lui, avait quitté l'Angleterre, un petit matin de novembre, en 1944, dans un quadrimoteur essoufflé.

Ce père, le jeune Eric Clapton ne devait jamais le voir. Pas plus qu'il ne connut l'autre, celui que sa mère épousa en secondes noces : un certain Frank MacDonald, soldat canadien de son état.

Pour Patricia Molly Clapton, ça commençait à tourner à l'idée fixe.

L'an 1945… pour la musique, le millésime avait été faste. Naquirent cette année : Stephen Stills, qui n'était pas encore avec Graham Nash et David Crosby ; Bob Marley, dont Eric Clapton reprendrait plus tard le célébrissime *I shot the sheriff* ; Ritchie Blackmore, le futur guitariste de *Deep Purple* ; John Fogerty, celui de *Creedence Clearwater Revival* ; Van Morrison, qui chanterait plus tard *Gloria* ; et Brian Ferry, qui deviendrait le plus dandy des chanteurs au sein de son groupe *Roxy Music*. En 1945, pour finir, un garçon de dix ans remportait le premier prix d'un radio-crochet en

Alabama en chantant *Old Shep*, vieux standard américain. Il s'appelait Elvis Aaron Presley.

*
* *

Le petit pavillon de brique rouge ressemblait à tous les petits pavillons de brique rouge de Ripley.

Avec sa petite porte, ses petites fenêtres, son petit jardin et le petit garçon qui s'y roulait dans l'herbe. Un petit garçon comme les autres, ou presque… La mine sombre et renfermée.

Tout à son jeu qui le faisait terrasser d'invisibles dragons et autres princes noirs imaginaires, le bonhomme, haut comme trois mandarines à genoux, ne remarqua pas la dame entre deux âges qui, accoudée à la fenêtre de la cuisine, l'observait avec une infinie tendresse.

La gorge un peu serrée, elle se tourna vers Jack Clapp, son époux :

– Ça me fait plaisir de le voir jouer, lui qui a l'air si triste, d'habitude…

Jack, dont le visage poupin était orné d'une imposante moustache tirant sur ce roux flamboyant rendu célèbre par les officiers de l'ancienne armée des Indes, se rapprocha de sa femme et lui passa affectueusement un bras autour du cou.

Jack avait l'air d'un brave homme.

Il en était un.

– Je sais ce que tu penses, Rose. Après tout, il vaut mieux de faux parents que pas de parents du tout…

Soudain, le jeune Eric tourna la tête vers la maison où il habitait depuis maintenant quatre ans. Vit les visages de ses parents, presque l'un contre l'autre. Ses parents... Maman, la plus douce, la plus belle des mamans. Papa, le plus fort, le plus gentil des papas. Avec cet enthousiasme dont seuls les enfants sont capables, il se jeta vers les trois marches qui menaient à la cuisine, et s'enfouit dans les bras de son père. Le vieux Jack lutta un bref moment contre la traître humidité qui lui emplissait les yeux. En vain. Surtout quand le bambin, après lui avoir claqué une bise maladroite sur la joue, glissa à l'oreille du vieil homme :

– T'es mon papa. Mon papa à moi.

Jack Clapp acquiesça, en silence, se contentant de serrer l'enfant contre lui, du plus fort qu'il put.

Rose détourna la tête.

Elle n'était pas sa mère. Jack n'était pas son père. Ils n'étaient pas ses parents.

Mais Eric Clapton était comme leur fils.

Eux n'étaient que ses grands-parents.

Sa mère, il dut attendre neuf ans pour la revoir. Elle était belle, Patricia Molly Clapton. Fine, élancée, les cheveux bruns coupés courts, les traits doux et réguliers. Aujourd'hui encore, les années passées ne lui ont rien fait perdre de sa grâce. Récemment interrogée par la télévision britannique dans le cadre d'un documentaire consacré à son fils, elle évoqua cette situation familiale pour le moins insolite. Avec des mots simples, quoique empreints d'une tristesse résignée. Derrière elle, posée sur le piano, trônait la photo d'Eric. « *J'imagine qu'il savait sûrement que mes parents s'appelaient Clapp et non pas Clapton comme moi, du nom de mon premier mari. Il devait certaine-*

ment se poser toutes ces questions, même très jeune. Quand je suis revenue en Angleterre, cela n'a pas dû arranger les choses. Il devait se sentir terriblement seul et mon retour l'a sûrement perturbé davantage. »

Voilà peut-être la raison qui poussa la mère d'Eric Clapton à aller vivre ensuite en Allemagne. Avec ses grands-parents, son fils avait trouvé une sorte d'équilibre, fragile, qu'elle n'osa rompre...

De ce jeune enfant, Rose Clapp, sa grand-mère, disait, dans la même émission : « *Il a toujours été un peu solitaire. Je me souviens qu'il avait un cheval imaginaire. En fait de cheval, ce n'était que le pas de la porte qui menait au jardin. Il était capable d'y rester assis, des heures durant, à jouer tout seul. Il était renfermé, mais c'était un gentil garçon, remarquablement intelligent. Il l'est toujours, d'ailleurs.* »

*
* *

1959. *Rumble*, de Link Wray, était interdit dans nombre de radios américaines pour incitation à la violence. Cliff Richard commençait sa première tournée anglaise, alors que Bob Dylan recevait son diplôme à la *high school* d'Hibbing. Le caporal Elvis Presley goûtait les joies d'une permission parisienne. Paris... où Boris Vian décédait d'une crise cardiaque. Quelques semaines plus tard, à New York, la chanteuse Billie Holiday rendait son âme à Dieu, pour avoir trop longtemps honoré ce diable qu'on nomme héroïne. De ce côté-ci de l'Atlantique, Johnny Hallyday électrisait le Golf Drouot. Chuck Berry, quant à lui, s'occupait d'un autre *Johnny*. Son nom était *B. Goode*, une chanson mythique dont il faisait flamber les premiers accords dans un studio d'enregistrement de Chicago, tandis qu'à Los Angeles, Eddie Cochran gravait sur cire son mémorable *Somethin'else*. Dolly Parton, enfin, avait treize ans, pas encore de seins, mais déjà de la voix, quand elle sortit *Puppy Love*, son premier 45 tours.

Et en Angleterre ?

En Angleterre, un adolescent de quatorze ans à la frêle silhouette passait le porche de la Hollyfield Road School, à Surbiton. Jack et Rose Clapp, s'ils avaient tenu à accompagner le jeune impétrant, prirent bien soin de lui laisser parcourir, seul, les derniers mètres menant à cette vie nouvelle. En effet, il est des âges où, excipant d'une balbutiante puberté, les jeunes coqs estiment qu'être accompagnés à l'école par leurs parents et s'y faire biser en public ne saurait que nuire à leur réputation de petit homme.

Eric Clapton donc, dévoré à l'époque par deux démons, aussi intérieurs qu'antagonistes, hésitait entre les arts graphiques et la guitare.

Le premier allait le mener, deux ans plus tard, au Kingston Art College. Le second le tenaillerait plus longtemps. Il s'en expliqua en quelques mots : « *En grandissant, j'écoutais tout d'abord de la musique populaire, des chansons qui, pour la plupart, avaient été jouées durant la guerre. Je me souviens d'un programme du samedi matin, que j'écoutais souvent à la radio. Il était présenté par un vieux monsieur, Uncle Mac, si ma mémoire est bonne. De temps en temps, il passait des disques de Chuck Berry ou de Buddy Holly. C'est grâce à cette émission que j'ai eu l'occasion d'entendre mon premier morceau de blues : une* chanson de Sonny Terry et Brownie MacGhee. Je m'en souviens encore : Sonny beuglait comme un damné tout en soufflant dans son harmonica. Ça m'a fait voler la tête en morceaux. »

Précisons toutefois, qu'à l'époque, le petit Eric n'avait de la guitare qu'une vision des plus vagues : « La première fois que j'en ai aperçu une, c'était à la télévision, un jour où Jerry Lee Lewis interprétait Great Balls of Fire. J'ai eu autant de mal à m'en remettre que si j'avais vu un extraterrestre. Ça m'a permis de me rendre compte que je végétais dans ce petit village du Surrey. Quelque chose de révolutionnaire était en train de se passer. Et ça se passait sans moi... Ça me rendait littéralement fou. Ce n'est que bien plus tard que je compris que le guitariste en question n'était autre qu'un bassiste ! Qui jouait sur une Fender Bass Precision. Là, je me suis dit : c'est la guitare qu'il me faut ! D'accord, ce n'était qu'une basse, avec quatre grosses cordes, mais peu m'importait. De loin, ça m'avait tout l'air d'être une guitare ! Je la voulais. Je me suis alors mis à en construire une, de mes propres mains, essayant de la tailler dans un morceau de bois. Au début, ce n'était pas trop mal, ça ressemblait à quelque chose, mais je me suis arrêté en cours de route, quand il me fallut m'attaquer au manche ! »

La menuiserie ne constituant pas forcément une voie royale vers la musique, le jeune Eric préféra donc se faire offrir une guitare plus performante par ses grands-parents. En fait, il ne s'agissait ni plus ni moins que d'un jouet en plastique, arborant, en lettres de strass, la mention Elvis Presley.

« J'étais le seul enfant de la famille, se souvient aujourd'hui Eric Clapton. Mes grands-parents ne pouvaient s'empêcher de me gâter. Bon, d'accord, c'était une guitare assez moyenne, qu'il était rigoureusement impossible d'accorder, mais ça me permettait de faire semblant de jouer sur les disques de Gene Vincent tout en me regardant dans l'armoire de ma chambre. »

Ainsi, Eric Clapton fit ses premières classes en se dandinant devant la glace, tentant maladroitement d'imiter le déhanchement pelvien du King…

On aurait tort de ricaner, puisque quelques mois plus tard, las de voir leur petit-fils faire la danse du ventre dans le salon et tirer des penalties dans les bibelots de la maisonnée en imitant le *Duck Walk* de Chuck Berry, Jack et Rose Clapp acceptèrent de lui acheter une guitare digne de ce nom. « *C'était une guitare acoustique à bon marché, sur laquelle jouer relevait de la pure gageure,* se rappelle-t-il. *Bientôt, le manche commença à se tordre. Que ne fut pas mon émerveillement quand je fis la découverte du do et du fa majeurs… J'ignorais qu'ils existaient déjà depuis plusieurs siècles, et étais bien persuadé de faire figure de novateur ! Ça ne m'a pas empêché de continuer. Je voulais devenir un véritable artiste. La vie de bohème me tentait, à tel point qu'à seize ans révolus, je pris l'habitude de passer tous mes week-ends à Londres.* »

Cette guitare, Rose Clapp s'en souvient encore, avec tendresse et émotion : « *Il nous parlait tout le temps de cette guitare qui devait lui permettre, à l'en croire, de faire partie d'un groupe de rock'n'roll. Alors nous avons fini par dire oui. Il nous a parlé d'un magasin de Kingston. Il a choisi sa guitare. Nous l'avons achetée. À crédit. C'est à partir de là qu'il a vraiment démarré. Ce qui est dommage, c'est qu'il l'ait revendue, pour s'en acheter une autre, une meilleure, avant* même que nous ayons fini de payer la première... *La nuit, il nous empêchait de dormir en jouant pendant des heures. Eric aimait aussi la musique classique, mais il préférait le blues. Moi aussi, j'adorais quand il en jouait, rien que pour moi. Vous savez, c'était déjà un véritable bluesman. »*

Eric Clapton venait de contracter la plus terrible des maladies, contre laquelle n'existe ni vaccin ni remède : le blues. *« J'avais chez moi un disque de Robert Johnson* [1]. *Je voulais jouer aussi bien que lui. Aujourd'hui, même si j'ai assimilé toute sa technique, j'essaie encore de le copier. En vain. »*

Le blues, la musique du diable, ainsi que le prétend la légende qui veut que, dans les années trente, le bluesman Robert Johnson ait vendu son âme au malin contre le talent, les femmes et le succès. Une musique dont les thèmes récurrents coïncidaient curieusement avec la vie de l'enfant solitaire qu'était Eric Clapton. Il s'en expliqua plus tard, en 1987, devant les caméras de la télévision anglaise : *« Dès mon plus jeune âge,*

---

1. Robert Johnson, guitariste de blues, naquit en 1914 dans le Mississippi. Personnage légendaire, il eut une influence prépondérante, aussi bien sur ses contemporains que sur les bluesmen d'aujourd'hui, dont... Eric Clapton. Son œuvre remarquable – une trentaine de titres – fut enregistrée en quelques jours, de 1936 à 1937, dans des chambres d'hôtel du Texas. L'année suivante, il rendit l'âme, empoisonné par un mari jaloux. Il fut le premier musicien à avoir utilisé, à la guitare, les « basses marchantes », ou « *walking bass* » du boogie-woogie, technique révolutionnaire qu'il doublait d'une utilisation étonnamment moderne du *bottleneck*. Notons qu'il est le créateur de *Sweet Home Chicago*, popularisé plus tard par le film de John Landis : *The Blues Brothers*.

j'ai su que j'avais le dos au mur et que la seule façon de m'en sortir, c'était par la dignité, la fierté et le courage. C'est ce que j'ai compris en écoutant le blues. Parce que là, il s'agit toujours d'un homme seul. Ce n'est pas un orchestre, ce n'est pas un groupe. C'est un homme qui chante pour soulager sa peine. Et c'est cela même que je ressentais à l'époque. »

*

* *

Il y avait tant de fumée dans ce pub londonien qu'on avait presque du mal à distinguer les silhouettes des clients agglutinés au bar. L'odeur de la bière aigre, mêlée à celle, entêtante, du tabac, prenait à la gorge. On y parlait si fort qu'y tenir une discussion un tant soit peu suivie relevait du miracle. Mais les gens n'étaient pas venus pour ça. Ils se contentaient de noyer leurs petits soucis quotidiens dans des flots de houblon.

Il y avait ceux qui tardaient à rejoindre leur domicile, où les attendaient enfants piailleurs et épouse acariâtre.

Et les autres, qui redoutaient l'heure de la fermeture, parce que personne ne les attendait chez eux.

Il était huit heures du soir quand, soudain, la masse des clients se tourna vers le tout jeune homme qui venait de s'asseoir sur un tabouret, à l'autre bout du bar, une guitare à la main.

Il était vêtu avec recherche : pantalon droit, mocassins impeccablement cirés et veste élégante, quoiqu'un peu étriquée, mais qui s'accordait à merveille avec une cravate aux motifs chamarrés. Seuls, le cheveu hirsute, la voix pâteuse et précocement éraillée par une impressionnante consommation d'alcool et de tabac, signalaient l'adolescent plus habitué à user ses fonds de culotte sur les tabourets de bar que sur les bancs d'école.

Ses traits fins respiraient l'intelligence.

Il avait cet air un rien emprunté qui sied si bien à ceux qui ne parviennent pas à franchir la marche séparant l'adolescence de l'âge adulte.

Ce jeune garçon, les clients le connaissaient déjà depuis plusieurs semaines.

Il arrivait toujours comme ça, le soir, si discrètement que personne n'aurait su dire à quel moment il était entré. Il s'asseyait, sans mot dire, sur le même tabouret, jouait quelques chansons, se faisait payer en pintes de bière, et disparaissait comme il était venu.

Once I led the life of a millionaire
Spendin' my money, I just didn't care
Took all my friends out for a mighty fine time
Drinkin' high-price liquor
Champagne and wine
Then I began to fall so low
Lost all my good friends
And no way to go
But if I ever put my hand on a dollar again
I'm doggone hold on to it
Till the eagle grins
Nobody knows you
When you're down and out

In your pocket, not one penny
And your friends, you don't have any [1]...

Malgré l'impressionnant taux d'alcoolémie générale et le brouhaha ambiant, dès que le jeune homme eut plaqué le dernier accord de *Nobody knows you when you're down and out* sur sa modeste guitare, la clientèle tout entière se tourna vers lui et l'applaudit à tout rompre. Quiconque à sa place en eût été flatté, Eric Clapton se contenta d'esquisser un sourire gêné, et fit claquer sur son instrument les premières mesures de *Boom Boom*, de John Lee Hooker...

Cette scène se déroulait aux alentours de décembre 1961, période durant laquelle Eric Clapton délaissait la planche à dessin pour la guitare. Les raisons de ce choix, il n'est pas besoin d'aller les chercher trop loin : « *Je me suis fait virer du Kingston Art College, parce qu'à la fin de ma première année, mon portfolio était quasiment vide. Ce qui me confirma dans la certitude d'avoir choisi la mauvaise filière. Je m'étais retrouvé dans une classe d'arts graphiques destinée à former des dessinateurs en publicité. Moi, je voulais*

---

1. J'ai vécu la vie d'un millionnaire/Dépensais sans compter/Je ne m'en souciais guère/J'invitais mes amis aux plus fines parties/Nous buvions des alcools rares/Des grands crus et du champagne/Ensuite, j'ai connu la déchéance/J'ai perdu mes amis, j'ai mené une vie d'errance/Quand j'arrivais à mettre la main sur un dollar/Je serrais si fort le billet/Qu'on pouvait voir l'aigle ricaner/Plus personne ne te connaît/Quand tu es vraiment dans la dèche/Dans ta poche, tu n'as plus un centime/Et tes amis ne te montrent plus d'estime.

devenir peintre... Cela dit, je dessine encore aujourd'hui [1]. »

Le 3 janvier 1962, Eric Clapton passa pour la dernière fois le porche du Kingston Art College. Il glissait machinalement ses rares dessins dans son carton, quand il sentit soudain une main lui tapoter l'épaule.

Il se retourna.

C'était Tom MacGuiness, l'un de ses camarades de classe, qui n'était pas encore le guitariste de Manfred Mann. Un rêveur, comme lui. Un grand diable qu'on sentait encombré par un poids, une taille dont l'avait affublé une puberté par trop précoce. Presque maladroitement, Tom proposa :

— Tu sais, Eric, maintenant, ça y est, on commence le groupe demain. Si tu veux, tu en es. À l'école, personne ne sait faire sonner une guitare comme toi.

— Et vous allez jouer quoi ?

— Quelle question ? Du blues !

— Du blues ! Si tu me l'avais dit plus tôt.

Tom MacGuiness avait trouvé le guitariste. Ainsi que le nom du groupe : The Roosters.

« *Si ma mémoire est bonne,* se souvient aujourd'hui Eric Clapton, *avec les Roosters, nous avons joué* Boom Boom, Hoochie Coochie Man, *et d'autres chansons de John Lee Hooker et Muddy Waters. En fait,*

---

1. En 1975, il dessina un superbe portrait, exécuté à l'encre de Chine, pour l'album *There's one in every crowd.* Ce travail, qui devait initialement figurer en pochette, fut relégué à l'intérieur du disque, laissant la place à une photographie d'Henri de Chatillon.

nous reprenions tous les titres que nous avions entendu auparavant sur nos disques. Nous nous sommes également frotté au rock'n'roll en interprétant Slow down, *de Larry Williams. Le blues n'intéressait encore qu'une minorité et les gens qui venait nous voir était, pour la plupart, des passionnés de rock. »*

Les Roosters sont désormais oubliés.

Personne ne songea jamais à graver leurs prestations sur cire.

Dommage, quand on sait que Brian Jones, futur membre des Rolling Stones, fut un des fondateurs du groupe et qu'il permit au jeune Eric Clapton de découvrir ce qu'on pouvait faire avec six cordes électrifiées.

« C'était un 45 tours de Freddie King, dont la face B s'appelait I love the woman. *La première fois que j'entendais une guitare électrique jouer vraiment en solo. »*

Une vocation venait de naître…

Pourtant, malgré leur enthousiasme, les Roosters ne furent que les roitelets d'un jour, ou de six mois, pour être plus précis. *« Certains membres du groupe avaient déjà des emplois à temps plein. Ce sont ces simples contingences professionnelles qui ont décidé de la fin des Roosters »* constata Eric Clapton.

Ce ne fut pas son cas, puisque sur l'injonction de Tom MacGuiness, il s'en alla rejoindre un autre groupe, tout aussi éphémère : Casey Jones and the Engineers [1]. Ces derniers se contentaient, tout comme

1. Casey Jones était l'un de ces héros quasiment mythologiques, tels John Henry, Frankie et Johnnie, etc., que popularisa le blues du début du siècle.

les Rolling Stones et autres formations du genre pullulant dans le Londres de ce début des années soixante, de jouer des reprises de blues et de rhythm'n'blues.

Mais ce n'était pas encore ce groupe qui allait lui permettre de donner la pleine mesure de son talent.

Pour cela, il lui fallut attendre le début du mois de juin 1963...

*
* *

Dans la petite salle du Crawdaddy Club, l'une des plus courues de la capitale anglaise, grouillait une telle foule que pour s'y déplacer il n'y avait d'autre moyen que de jouer des coudes. Ce soir, toute la jeunesse dorée londonienne, les enfants des bas quartiers, les filles à hauts revenus et petite vertu semblaient s'y être donné rendez-vous. La nuit était largement entamée quand les Rolling Stones quittèrent la minuscule estrade du club, après une prestation qui, déjà, en faisait l'un des groupes les plus remarqués de la scène anglaise. Les Rolling Stones, ces mauvais garçons aux cheveux longs : Mick Jagger et sa bouche qui, bientôt, entrerait dans la légende ; Brian Jones et sa gueule d'ange ; Keith Richard et sa mine torve d'adolescent attardé qui ne devait plus jamais le quitter ; Bill Wyman et Charlie Watts, les premiers de la classe, toujours discrets, en retrait, l'un qui bâillait ostensiblement, l'autre qui comptait les entrées.

Ces Rolling Stones, dont la légende sulfureuse avait fait le tour de la ville depuis quelques mois, les filles en étaient folles. De Mick Jagger et de Brian Jones,

32

surtout. Le premier commençait à regarder le second avec des yeux dans lesquels on pouvait lire ce que serait le destin de Brian Jones. Au sein d'un groupe, deux beaux gosses, c'est déjà un de trop…

– *And now, ladies and gentlemen, here comes The Yaaaaaardbirds !* annonça le patron de l'établissement d'une voix pompeuse.

Cinq adolescents rasés de près, soigneusement cravatés, montèrent sur la scène. Keith Relf, le chanteur, blondinet avantageux au visage encadré d'un casque de cheveux dorés, entama le set par une reprise du bluesman Sonny Boy Williamson.

Au troisième couplet, les filles baignaient dans l'extase.

À l'autre bout de la salle, ne tenant plus debout que par le bar auquel il s'accrochait, Eric Clapton soupira en entendant Tony Topham, le guitariste, se risquer à un chorus maladroit.

– Sa guitare, glissa-t-il à son voisin en vidant sa dixième pinte de bière de la soirée, il faut qu'il l'avale ou qu'il cesse d'en jouer…

Tony Topham, faute d'ingurgiter son instrument, fut finalement poussé à la porte par Keith Relf, et remplacé, sur recommandation de Brian Jones, au mois d'octobre de la même année, par ce guitariste dont le nom était désormais sur toutes les lèvres.

Un certain Eric Clapton.

II

LA NAISSANCE DU DIEU À LA MAIN LENTE

> *Je suis devenu une star du rock sans*
> *l'avoir véritablement désiré. Aujourd'hui,*
> *j'avoue que je ne suis pas mécontent de la*
> *façon dont les choses ont tourné.*

Le 8 décembre 1963, le Crawdaddy Club, dix heures du soir.

La salle avait été littéralement prise d'assaut par une foule d'adolescents en délire. Dans la rue, quelques dizaines de retardataires s'agglutinaient à l'entrée du club, espérant fléchir les deux préposés à la sécurité, leur arracher la permission d'entrer. Impassibles, les deux gorilles avaient mis au point une imparable dialectique tenant en un mot unique, inlassablement psalmodié : « *No !* »

Il ne s'agissait là ni de mauvaise foi ni d'obstination, mais de simple physique appliquée : l'endroit, déjà exigu, était tellement bondé qu'on n'aurait pu y faire entrer un schtroumpf...

La raison de ce début d'émeute ?

Elle était double. La veille, les Yardbirds s'étaient produits au Crawdaddy. Les Yardbirds : ce groupe de jeunes garçons bien proprets qui s'était fait un début de nom en reprenant quelques standards du blues. Certes, Keith Relf, le chanteur, n'avait rien d'exceptionnel. Pas plus que Paul Samwell-Smith, Chris Dreja ou Jim MacCarty, respectivement bassiste, guitariste rythmique et batteur... En fait, c'était surtout Eric Clapton, le guitariste soliste, qui avait le don d'enflammer l'assistance. Ce jeune homme effacé, aussi expressif sur les planches qu'un géranium en pot. Pas vraiment joli, ni franchement laid, il avait cette mine un peu gauche qu'arborent les étudiants quand ils entament l'ascension d'un escalier d'hôtel, prêts à découvrir les bonheurs de l'amour tarifé.

On l'aura compris, Eric Clapton était – est toujours, d'ailleurs – de ces musiciens qu'on préfère écouter que voir. Son jeu de guitare, à la fois plaintif et acéré comme le fil d'un rasoir, était déjà prompt à l'improvisation ébouriffée, mais toujours respectueux des divins commandements du blues, tels qu'ils avaient été édictés par les vieux maîtres du début du siècle.

La veille donc, les Yardbirds avaient mis le feu au plancher du Crawdaddy.

Ce soir, c'était un véritable incendie de forêt qu'attendaient les spectateurs. En effet, Giorgio Gomelsky, leur manager, qui présidait également aux destinées de l'American Negro Blues Festival, venait d'inviter des bluesmen tels qu'Otis Spann, Muddy Waters et l'harmoniciste Sonny Boy Williamson.

36

Il était prévu que les Yardbirds accompagnent ce dernier. Ce dont ils avaient été prévenus quelques minutes avant de monter sur scène...

Eric Clapton se souvient : « *Quand Sonny Boy est arrivé, personne n'avait jugé utile de nous dire que son groupe, c'était nous ! Nous étions morts d'angoisse. Lui, était un authentique bluesman. Alors que nous... Pour tout arranger, Sonny Boy n'était ni patient, ni tolérant. En fait, il avait un fichu caractère. Le pire est qu'il s'imaginait que nous connaissions ses morceaux par cœur. Alors, il nous a dit : "On commence par* Don't start me talkin'." *Et il a démarré le concert. Nous l'avons accompagné tant bien que mal. Plutôt mal que bien, d'ailleurs, car il faut avouer que nous n'avions jamais entendu parler de cette chanson. Avec lui, j'ai dû réapprendre à jouer, repartir de zéro. Sonny Boy m'a beaucoup appris. À jouer, mais aussi à comprendre ce qu'était vraiment le blues* [1]. »

On ne peut que s'incliner devant tant de modestie, quoique les Yardbirds n'aient pas eu franchement à rougir d'une prestation qui donna lieu à un album plutôt honnête [2].

Après ce concert « historique », les Yardbirds devinrent plus qu'un simple groupe de blues ou de rhythm'n'blues, comme il commençait à en pulluler dans le Londres des années soixante. En février 1964, ils eurent ainsi l'honneur d'enregistrer leurs premiers titres au R. G. Jones Studios, à Morden, dans le

1. *Eric Clapton, the complete recording sessions*, Marc Roberty, Blandford.
2. *Sonny Boy and the Yardbirds*, disponible dans *Shape of Things*, coffret de quatre CD. Charly Box.

Surrey. Sept chansons en tout, dont le fameux *Boom Boom*, de John Lee Hooker.

Un mois plus tard, on les retrouvait dans une autre célèbre salle londonienne : le Marquee Club.

Pete Townshend, leader des Who, et lui aussi habitué du Marquee club, se souvient de ces années : « *Les* mods *étaient tous de grands admirateurs des Yardbirds, mais pour eux, Eric était différent de tous les autres membres du groupe. D'ailleurs, à part lui, les Yardbirds, ces comiques chevelus, étaient un désastre ambulant !* »

Le succès venait, les spectateurs étaient chaque fois plus nombreux. Mais, Eric Clapton, aussi exigeant avec les autres qu'il l'était avec lui-même, demeurait insatisfait. Pour commencer, tel qu'il s'en expliqua plus tard devant les caméras de la BBC, il tenait ses quatre acolytes pour « *de petits bourgeois qui ne pensaient qu'à s'amuser. Ils n'aimaient pas le blues, ne pouvaient pas comprendre que mes grands-parents avaient dû s'endetter pour m'offrir ma première guitare, alors que Paul Samwell-Smith s'achetait une Fender Stratocaster comme d'autres un paquet de cigarettes* ».

Ensuite, plus que la personnalité des membres du groupe, c'est leur façon de jouer qu'il critiquait : « *Nous essayions en permanence de créer des climats musicaux en jouant de plus en plus fort pour électriser la foule. Une méthode qui peut fonctionner une fois de temps en temps, mais qui, réitérée à chaque morceau, ne vous donne jamais le temps de pratiquer une musique sérieuse et réfléchie* [1]. »

Pire encore, il n'hésita pas à avouer, plus tard : « *Jouer avec les Yardbirds fut moralement très dur pour moi.*

---

1. *Eric Clapton, the complete recording sessions, op. cit.*

J'en avais marre de tout, et de mon jeu de guitare en particulier. Je sentais que peu à peu j'étais en train de renier mes propres valeurs, celles qui m'avaient poussé à me lancer à corps perdu dans la musique. J'avais envie de tout plaquer, de me remettre à la peinture ou de faire autre chose. Quoi ? Je ne savais pas [1]. »

En fait, ce n'était pas le succès pointant à l'horizon qui perturbait Eric Clapton, mais le fait que les Yardbirds, irrésistiblement, s'éloignaient du blues pour sacrifier aux contingences « commerciales ».

Le divorce devenait inéluctable.

Prenant son mal en patience, il multiplia prestations scéniques et enregistrements en studio, en en profitant pour affiner son style et se préparer à des lendemains qu'il espérait meilleurs.

Le point de non-retour fut atteint en décembre 1964.

Paradoxalement, il devait coïncider avec le premier véritable succès des Yardbirds : *For your love.* Une chanson de correcte facture, certes, mais qui ne présentait qu'un cousinage très lointain avec les mythiques douze mesures issues du vieux Mississippi.

Cette fois, le calice était plein, et Eric Clapton n'avait guère envie de le boire jusqu'à la lie : « *Giorgio Gomelsky était venu nous voir avec une chanson d'Otis Redding. Je pensais que cela pourrait faire un très bon tube pour nous : il s'agissait d'un véritable rhythm'n'blues. Mais, Paul Samwell-Smith, le bassiste, est arrivé peu après, avec un autre projet de chanson,* For your love, *jouée au clavecin ! Alors, nous sommes allés enregistrer ces deux titres. Et, bien*

1. *Eric Clapton in his own words*, Marc Roberty. Omnibus Press.

sûr, For your love *a été mis en boîte en premier. Pour les autres membres du groupe, il était évident qu'il s'agissait là d'un succès en puissance. J'en veux pour preuve que Giorgio ne s'est même pas donné la peine de nous faire jouer la chanson d'Otis Redding. À cet instant, mon attitude vis-à-vis du groupe a définitivement changé. Je me souviens leur avoir tenu des propos acerbes, voire méchants. Je pensais que le mieux était encore de les quitter. Ce que j'ai finalement fait. Aujourd'hui encore, je suis persuadé d'avoir agi correctement* [1]. »

Keith Relf, le chanteur des Yardbirds, ne put faire autrement que de confirmer : « *Eric avait du mal à se faire aux contingences commerciales de l'industrie du disque. Dès le début, il nous a fait comprendre qu'il détestait* For your love. *Il ne voulait même pas qu'on puisse y entendre sa voix. Il a tout juste accepté de faire quelques chœurs et de plaquer trois ou quatre vagues accords de guitare au milieu de la chanson. Juste après, il décida de nous quitter. Pour lui, c'était facile. Il était bien plus populaire que nous* [2]. »

Les Yardbirds firent ensuite une impressionnante consommation de guitaristes, et pas des moindres : les deux remplaçants qui succédèrent à Eric Clapton n'étaient autres que Jimmy Page [3] et Jeff Beck [4]...

1. *Op. cit.*
2. *Op. cit.*
3. Futur fondateur du groupe Led Zeppelin.
4. Musicien légendaire qui, durant les années soixante-dix, se tourna vers le jazz-rock avant de revenir à un rock beaucoup plus classique, inspiré de Cliff Gallup, le fameux guitariste de Gene Vincent.

Lesquels comprirent bien vite que leur avenir ne saurait se limiter à un groupe qui n'allait pas survivre longtemps au succès de *For your love*.

*
* *

John Mayall était un drôle de bonhomme : carrure de bûcheron, mâchoire de carnassier, nez en sabre d'abordage, regard halluciné.

Il naquit le 29 novembre 1933, à Macclesfield, dans le Cheshire. Son père était guitariste de jazz. À douze ans, il apprenait la guitare, écoutait du blues à longueur de journée. Pour plus de tranquillité, il était même allé jusqu'à se construire une cabane au sommet d'un arbre, qu'il ne quittait que pour se sustenter. Peu de temps après, le petit John Mayall écumait tous les pubs de la région de Manchester, où ses parents avaient élu domicile. Après un service militaire qui ne laissa que des souvenirs mitigés à la glorieuse armée de Sa Majesté, il fondait son premier groupe en 1956, les Powerhouse Four, suivi du Blues Syndicate en 1961, et des Bluesbreakers, un an plus tard.

En 1964, John Mayall passait contrat avec Decca et sortait son premier 45 tours, *Crawling up a hill*, qui ne se vendit qu'à quelques… centaines d'exemplaires. Autant dire que ses rapports avec sa maison de disques n'étaient pas au beau fixe. Aussi se risqua-t-il, au mois d'avril 1965, à décrocher son téléphone et à appeler le jeune guitariste, étoile montante du blues anglais.

Quelques jours plus tard, Eric Clapton entrait en studio avec John Mayall.

Tout commença par un bœuf, organisé par Bob Dylan – en tournée en Angleterre – qui donna lieu, un mois plus tard, à une chanson inédite, *If you gotta go, go now*. Puis, John Mayall et Eric Clapton, accompagné de John MacVie à la basse et de Hughie Flint à la batterie, enregistrèrent trois autres titres, *I'm your witchdoctor*, *Telephone Blues* et *On top of the world*.

« *J'étais très content que John Mayall m'ait appelé,* reconnaît Eric Clapton. *Les Bluesbreakers étaient un authentique groupe de blues, et, à l'époque, j'étais un puriste. Je n'écoutais que du blues, je n'aimais rien d'autre, et concevais mal qu'il puisse exister une autre musique... Nous nous sommes aussi beaucoup amusés. Dans un groupe, il est fréquent que les musiciens se moquent de leur leader, ou complotent contre lui. Nous, c'est vrai que sur scène, nous avions pris l'habitude de le mettre en boîte. John Mayall était également quelqu'un de terriblement excentrique. À l'époque, je vivais chez lui, dans une chambre à peine plus grande qu'une tasse à thé. C'était hallucinant ! Le pire, c'est qu'il nous interdisait de boire ! Je me souviens d'un soir où John MacVie était saoul. John Mayall est entré dans une colère noire et l'a jeté de notre camion, entre Londres et Birmingham. Le malheureux a dû faire tout le reste du chemin à pied. Je crois que John Mayall était un vieux maniaque. Par exemple, il se débrouillait toujours pour jouer à Manchester, parce que c'est là que sa mère habitait et que ça lui permettait de dormir chez elle. Nous, on n'avait pas le choix : c'était le camion ! D'autant qu'il était bien trop pingre pour nous payer l'hôtel... Comme vous pouvez le constater, il n'y avait vraiment que des avantages à jouer dans les Bluesbreakers* [1] *!* »

Le portrait est caustique et malicieux, quoiqu'un peu injuste pour le vieux John Mayall, grâce auquel tant de guitaristes avaient connu la célébrité, tels Peter Green [2] et Mick Taylor [3]...

« *Je sais ce que je veux. Je suis un leader, c'est sûr,* expliquait John Mayall. *Donc, c'est moi qui écris les morceaux, désigne les solistes, décide quand un solo commence et quand il se termine. Je structure l'ensemble, je coordonne. Mais, dans le cadre de ce qui lui est imparti, je laisse une liberté considérable au musicien. Je n'ai jamais indiqué à qui que ce soit ce qu'il devait jouer note à note. N'oubliez pas que tous ces héros de la guitare, Clapton, Green ou Taylor, étaient des instrumentalistes, pas des compositeurs. Ainsi, depuis mes débuts, j'ai toujours veillé à ce que chacun joue ce qu'il aime, et je crois que j'ai réussi* [4]. »

*
* *

1. *Eric Clapton in his own words, op. cit.*
2. Considéré comme l'un des plus grands guitaristes de blues des années soixante, Peter Green, l'un des fondateurs de Fleetwood Mac, écœuré par les pratiques du showbiz, a malheureusement mis un terme à sa carrière.
3. Guitariste au style brillant, Mick Taylor devait rejoindre les Rolling Stones en 1970. Et les quitter quatre ans plus tard... Ce dont le groupe, quoique en disent Mick Jagger et Keith Richard, ses deux leaders, ne se remit jamais vraiment.
4. *Rock and Folk*, n° 126, juin 1977.

Le 20 octobre 1965, dans un petit magasin de disques de Chelsea.

Les deux mômes qui venaient de passer le pas de la porte semblaient surexcités. Ils avaient les cheveux mi-longs, portaient des pantalons droits, des vestes croisées de couleur sombre, étaient chaussés de souliers pointus.

Fébriles, ils se dirigèrent vers la caisse.

— Eh ! m'sieur ! on peut l'écouter, ce disque ?

— Ouaip ! lâcha le commerçant, un bonhomme qui avait largement dépassé la soixantaine. Le nez était camard, la moustache d'un roux filasse, le crâne aussi pelé qu'un caillou. Ouaip ! Pour sûr que vous pouvez l'écouter… Mais chez vous, une fois que vous l'aurez acheté !

— Oh ! m'sieur, soyez sympa ! Moi et mon copain, on n'a pas beaucoup de sous, on voudrait juste l'écouter une fois, et après, on vous jure qu'on revient le payer. Promis, m'sieur.

Le commerçant toisa les deux adolescents. C'est vrai que, nonobstant l'approximative élégance de leurs costumes, élimés et pochés aux genoux, ils avaient l'air de braves gosses. Fauchés, mais braves. Il jeta un coup d'œil au disque en question, un 45 tours qu'il venait de recevoir le matin même.

— C'est quoi ? vot'truc ?

— Eh ! m'sieur ! c'est John Mayall, vous connaissez pas ?

— Non, p'tit. Tu sais, moi, à part la trompette de cavalerie… Et y joue quoi, vot' John Mayall ?

— Du blues, m'sieur ! répondirent en chœur les deux gamins. Et pis, vous savez quoi ? Y'a Eric Clapton qui joue dessus. Tenez, m'sieur, même que c'est marqué sur la pochette…

– Eric quoi ? demanda le disquaire d'un ton distrait.

– Eric Clapton, m'sieur ! Çui qui joue de la guitare comme un vrai dieu !

– Blasphémez pas, les mômes, se rembrunit le chauve.

– Désolé, m'sieur, on voulait pas insulter l'Bon Dieu. Alors, c'est d'accord, on peut l'écouter, le disque ?

– Bah, après tout, c'est bientôt Noël ! Mais rien qu'une fois, je vous préviens !

Le vieil homme leur prit le disque des mains, le retira délicatement de la pochette de carton et le mit sur le Teppaz qui trônait à côté de la caisse enregistreuse. Au moment où le haut-parleur crachota les premières mesures de *Telephone Blues*, produit par Jimmy Page, il eut soudain l'impression que les deux gosses venaient d'entrer à l'église.

La voix de John Mayall, rauque et suave, emplissait le magasin, soutenue par les chorus de guitare d'Eric Clapton. Le son était plein et lourd, caractéristique de la Gibson qu'il utilisait à l'époque. Chaque note, déchirante, était tendue à l'extrême. Le jeu était lancinant, frappait aux tripes avec la régularité d'un métronome.

– C'est vrai qu'il joue bien vot' Clapton, concéda le disquaire. Vous aviez pas tort. Tenez, sans pour autant croire que ce soit l'Bon Dieu descendu sur terre, on va faire tout comme. Profitez-en, les morveux, c'est mon jour de bonté : ce disque, je vous le donne. Mais n'y revenez pas...

– Pas avant son prochain album, m'sieur, c'est promis !

Le commerçant fit comme s'il n'avait rien entendu, piocha un disque de musique militaire dans le premier bac à portée de main, et le posa sur son Teppaz. Bah, fallait bien que les jeunes s'amusent. Et, même s'il n'était pas Dieu, fallait bien avouer qu'avec sa guitare, il ne faisait pas figure de manchot, ce Clapton...

*
* *

Dans les temps anciens, certaines divinités sacrifiaient volontiers au culte de l'oisiveté. Eric Clapton, dieu frais émoulu, n'était pas des leurs. Ainsi, en juin 1966, il avait sué sang et eau au domicile de Jimmy Page, pour y graver quelques-unes des pages les plus homériques du blues anglais. Le futur guitariste de Led Zeppelin officiait tout à la fois à la console et à la guitare. On y trouvait deux membres émérites des Rolling Stones : Mick Jagger et Bill Wyman, l'un à l'harmonica, l'autre à la basse. Au piano : celui qu'on nomma longtemps le sixième Stone : Ian Stewart [1]. Eric Clapton enregistra trois autres chansons pour Champion Jack Dupree, un monument historique du blues de Chicago. En mars 1966, ce furent les premières séances de l'album *Primal Solos*, qui ne virent le jour qu'en 1983. « *Le moins qu'on puisse dire*, se souvient John Mayall, *c'est que Decca n'était pas très emballé par ce disque. Il refusa même de le commercialiser. Mais, quand ma maison fut ravagée par un incendie, en 1979, ce furent les seules bandes qui échappèrent au*

---

1. Ces séances d'enregistrement sont disponibles sur la compilation *Blues anytime, Eric Clapton, Jimmy Page and various artists*, coffret de quatre CD.

désastre. Alors, Decca se décida finalement à les sortir. Ils n'ont pas eu tort : c'est sur ces chansons qu'Eric Clapton a joué ses meilleurs solos [1]. »

Ayant redonné un bon cap à sa carrière, Eric Clapton était maintenant prêt, avec son nouveau mentor, à produire une œuvre de maître.

Ce fut l'album *Bluesbreakers with Eric Clapton*, enregistré en avril 1966 aux studios Decca n° 2, West Hampstead, à Londres, qui sortit au mois de juillet de cette même année.

Pour John Mayall, ce moment demeure magique : « *Nous avons débarqué dans le studio. Je pensais que nous n'en aurions pas pour plus de deux ou trois jours. Je n'avais pas tort. Les morceaux que nous voulions enregistrer étaient ceux que nous jouions dans les clubs depuis plusieurs mois. Tout cela nous était naturel, familier. Tout ce que nous avions à faire était de modérer notre jeu, d'oublier un peu que nous n'étions pas sur scène. Il y eut toutefois une nouveauté : Eric Clapton devait chanter sa première chanson. C'était* Ramblin' on my mind, *de Robert Johnson. Je me souviens qu'il avait exigé que tout le monde quitte le studio. Il semblait si timide, si impressionné… Pourtant, au bout de deux prises, la chanson était O.K. Il n'y avait plus une seule note à rajouter* [2]. »

*
* *

1. *Eric Clapton, the complete recording sessions, op. cit.*
2. *Op. cit.*

Il faisait nuit noire. Les faubourgs de Londres étaient aussi riants qu'à l'accoutumée. Un peu de brume flottait au-dessus des trottoirs, quelques lampadaires dispensaient une chiche lumière, terne et blafarde.

Le premier des deux mômes, celui dont le costume affichait au moins trois tailles de trop, lança à l'autre :

– C'est bon. Je crois qu'il n'y a personne. On peut y aller !

– Vas-y, bonhomme, j'ai tout ce qu'il faut. Dans moins d'une minute, tout sera fini, tout sera dit...

Les deux gosses, engoncés dans leurs vestons croisés, leurs pantalons droits, serrés dans leurs souliers pointus, se dirigèrent vers le mur de tôle ondulée qui clôturait le chantier d'un immeuble démoli par le Blitz, qu'on avait négligé de reconstruire. Le premier ouvrit maladroitement son pot de peinture, éclaboussant au passage son pantalon. Le second sortit un pinceau flambant neuf de la poche de sa veste, le trempa longuement dans l'épaisse mixture, et commença, tout en mordillant le bout de langue pointant au-dehors de ses lèvres pincées, à peinturlurer les mots suivants : *Clapton is God...*

Puis, leur forfait accompli, les deux adolescents se laissèrent avaler par la nuit poisseuse et froide.

*
* *

La légende venait de naître. Eric Clapton, de par la grâce de son public, avait été adoubé dieu. Eric God Slowhand, le dieu à la main lente.

Il allait lui falloir de nombreuses années pour se défaire enfin de ce terrible fardeau. Il s'en expliqua, en 1987, à la télévision britannique : « *Qu'est-ce que je pouvais y faire ? Aller nettoyer les murs ? Bien sûr, les gens qui pensaient ça allaient trop loin... Je ne voulais pas m'embarrasser de ça, surtout pas. On disait que j'étais le meilleur guitariste du monde. C'est vrai, j'ai toujours voulu l'être, mais ce n'est qu'un idéal inaccessible.* »

L'album *Bluesbreakers with Eric Clapton* fut effectivement un énorme succès. Pour le *Melody Maker*, l'un des plus importants journaux musicaux anglais, l'affaire était entendue : « *Avant Eric Clapton, aucun musicien britannique n'avait jamais sonné de cette façon. Un pas de géant pour le blues, à mettre au crédit de John Mayall.* » *Instrumental Beat*, son concurrent de l'époque, était plus clair encore : « *Eric Clapton vole la vedette au reste du groupe. Il y a fort à parier que, désormais, nombre d'albums se vendront sur son simple nom.* »

Ils n'avaient pas tort.

Le principal intéressé, qui avait bien du mal à assumer son nouveau statut divin, préféra rester modeste : « *Je ne pense pas avoir encore ma place dans ce pays. Ma musique n'est pas anglaise. Elle plonge ses racines du côté de Chicago. Je ne suis que le représentant de ce qui se passe là-bas* [1]. »

On l'aura compris, Eric Clapton avait besoin de changer d'air. Même John Mayall qui, grande première, était quasiment prêt à partager la vedette avec

---

1. *Eric Clapton, the new visual documentary*, Marc Roberty. Omnibus Press.

un autre artiste, n'aurait pu le retenir. Les Blues-breakers étaient une sorte de PME, et Clapton rêvait de se mettre à son compte. Y pointer n'était pas la plus mauvaise des places, mais il avait envie de découvrir de nouveaux horizons.

Il aurait pu céder au mirage africain, ou s'envoler vers l'Amérique du Sud, ses maracas et ses jolies baigneuses. Il n'en fit rien, préférant prendre la direction de la Grèce.

« *À l'époque, je vivais avec des gens un peu fous,* explique Eric Clapton. *Nous passions nos journées à boire du vin et à écouter du jazz et du blues. Nous avons donc décidé de mettre nos cagnottes en commun, d'acheter un bus et de faire le tour du monde. Travailler avec John Mayall était devenu pour moi un simple emploi. Je rêvais de vivre la vie. C'est ainsi que nous avons atterri en Grèce. Ce nouveau groupe que nous venions de former se nommait les* Glands. *Nous jouions dans les restaurants, du blues, des chansons des Rolling Stones. Nous avons fait la connaissance d'un patron de boîte de nuit, qui nous a engagés pour jouer des tubes des Beatles et des Kinks avec un groupe du coin. Et puis, la catastrophe : alors que nous étions dans ce foutu bus, nous avons eu un accident. La moitié du groupe a trouvé la mort. J'ai voulu rentrer en Angleterre. Mais je n'avais plus un sou en poche, j'étais coincé : ce Grec, le patron de la boîte de nuit, ne voulait plus me laisser partir. J'étais condamné à jouer les chansons de Lennon et McCartney, en grec, dans les restaurants d'Athènes, avec des musiciens de sirtaki. J'ai fini par m'évader. De retour à Londres, j'ai retrouvé John Mayall. Il y avait eu du changement chez les Bluesbreakers : Jack*

Bruce était à la basse [1]. Nous nous sommes tout de suite bien entendus. Quelques semaines plus tard, il quittait Mayall pour rejoindre Manfred Mann, tandis que John MacVie était rappelé chez les Bluesbreakers. C'est à cette époque que j'ai décidé qu'un jour je ferais quelque chose avec Jack Bruce. Ça me paraissait plus excitant, il était tellement créatif. Beaucoup plus que John Mayall, qui se contentait d'imiter les disques que nous avions tous à la maison. C'est comme ça que Cream est né quelques mois plus tard [2]. »

Eric Clapton, puriste du blues, avait trouvé en John Mayall plus puriste que lui. Cream allait donc lui permettre d'explorer de nouvelles voies musicales, Cream devenant ainsi le groupe mythique de la fin des années soixante. Celui qui, avant Led Zeppelin, jetterait les bases du rock moderne.

Cream, ce trio d'instrumentistes de génie, qui n'hésiterait pas à pousser sa sono à fond. À jouer fort. Très fort.

Cream, enfin, qui révolutionnerait l'univers du rock'n'roll, ouvrant une brèche, à grands coups de décibels, dans laquelle s'engouffreraient nombre de formations de hard rock, de jazz-rock ou de musique psychédélique.

---

1. En fait, Eric Clapton avait déjà eu l'occasion, en mars 1966, de jouer avec Jack Bruce, au sein de l'éphémère formation, The Powerhouse, sur l'album *What's shakin'*. Cette compilation rassemblait également des artistes tels que Paul Butterfield. Sur les trois morceaux enregistrés par Powerhouse, *I want to know, Crossroads* et *Steppin' out,* signalons également la présence, aux claviers, de Stevie Winwood, qu'on allait retrouver plus tard dans le groupe Blind Faith.
2. *Eric Clapton in his own words, op. cit.*

Comme le disait le critique Philippe Manœuvre lors d'une émission consacrée à Cream sur la chaîne câblée Canal Jimmy : « *Il y a eu le rock avant Cream... et le rock après Cream.* »

III

LE MOBILE DU CREAM

Au début de Cream, je m'attendais à ne jouer que du blues. Ce n'était pas ce que Jack Bruce et Ginger Baker voulaient faire. Ça ressemblait plutôt à une espèce de raga indien. Là, j'ai compris que je devais m'adapter.

Juin 1966, Londres.

La nuit tombait sur la ville, quand Jack Bruce mit un disque de musique indienne sur son électrophone. Les volutes de sitar emplissaient la pièce imprégnée d'une entêtante odeur d'encens.

Jack se sentait bien. Délicieusement bien.

Jack Bruce était de taille moyenne, plutôt râblé, et il suffisait de voir son visage, massif et puissant, pour comprendre qu'il avait depuis longtemps renoncé à dissimuler ses origines écossaises. Bercé par la musique, il s'alluma une Camel, puis, du plat de la main, lissa machinalement son épaisse tignasse aux reflets blonds vénitiens.

On frappa à la porte. Tout en marmonnant quelques mots de gaélique qu'on évite généralement de prononcer à haute voix devant les enfants, Jack Bruce se résigna à s'extraire du sofa dans lequel il était enfoui. Le chambranle continuait de résonner. Il se dirigea en traînant les pieds vers la porte du grand trois pièces qu'il occupait dans l'un des quartiers les plus huppés de la capitale britannique.

Le battant de bois s'ouvrit sur un géant roux, aux bras aussi épais que des cuisses, au visage taillé à la hache, aux pommettes proéminentes et aux joues creuses. Ginger Baker avait vingt-sept ans, la bouche pleine de dents et l'œil délavé.

Accessoirement, il était le meilleur batteur d'Angleterre.

— Ouais, c'est pour quoi ? demanda Jack Bruce, qui avait envie de tout, sauf d'une bonne raison de quitter son salon douillet.

— Tu connais Eric Clapton ! s'exclama Ginger Baker, visiblement surexcité.

— Ouais, faudrait être aveugle et sourd pour ne pas avoir entendu parler de lui, sans compter qu'on a été ensemble en studio pour Powerhouse. C'est pour me dire ça que tu débarques chez moi sans prévenir ?

— Non, répondit Ginger Baker en reniflant bruyamment. Je pense qu'il y aurait un coup à tenter avec lui…

— On peut savoir quoi ?

— Monter un groupe tous les trois !

– Rien que ça ! ricana Jack Bruce.

– Mieux que ça, murmura Ginger Baker en souriant. Je l'ai prévenu, il est presque d'accord, on se retrouve tout à l'heure chez moi. Tu as juste le temps de prendre ta basse, et on y va !

Ginger Baker avait l'air terriblement sûr de lui.

Jack Bruce hésita un instant. Fonder un groupe... Comme ça, en un soir...? Bah, après tout, ça valait peut-être le coup d'essayer. Passer la soirée à fumer des cigarettes en écoutant du sitar, ou prendre du bon temps à jouer avec son vieil ami Ginger et le nouveau dieu de la guitare...

Jack Bruce attrapa un blouson de cuir élimé qui traînait sur une chaise et lança d'un ton joyeux :

– Le temps d'attraper ma Gibson et je suis à toi !

*
* *

À propos de cette soirée, « acte de baptême » de Cream, Jack Bruce, plus tard, eut ces mots : « *Nous avons installé tout le matériel dans le salon de Ginger, et joué immédiatement pour voir ce que cela donnait. Le premier morceau a duré plus de deux heures ! Nous avons tout de suite compris que nous étions en train de vivre une expérience extraordinaire* [1]. »

Comme à son habitude, Eric Clapton préféra demeurer en retrait : « *Jack Bruce et Ginger Baker avaient des personnalités très fortes. Je m'en suis rendu*

1. *Cream Farewell Concert*, documentaire vidéo. Robert Stigwood.

compte dès le premier soir. Là, j'ai compris que je n'avais pas les capacités nécessaires pour prendre la tête de ce groupe. Le véritable leader de Cream, c'était Ginger... Un rôle, d'ailleurs, que Jack lui disputait âprement. Alors, j'ai décidé de me contenter de les regarder s'affronter [1]. »

Dès lors, tout alla très vite.

Le 3 juillet 1966, les trois compères se produisirent au sixième National Jazz and Blues Festival de Windsor. N'ayant pas eu le temps de se trouver un nom susceptible de frapper l'imagination des foules, le trio fut annoncé sous celui de « Bruce, Baker et Clapton ». Quelques semaines plus tard, Cream – c'était leur intitulé, désormais – passait les portes des Chalk Farm Studios à Londres, pour enregistrer un premier 45 tours, *Wrapping Paper*. En septembre, suivait l'album *Fresh Cream*, réalisé sous la houlette du producteur Robert Stigwood, qui n'était pas encore celui, roublard et avisé, de *La Fièvre du samedi soir*... Deux mois plus tard, Cream retroussait les jupes de la BBC, la vieille dame du paysage radiophonique anglais, dont les studios résonnèrent longtemps des accords saturés de *Wrapping Paper*, *Sweet Wine* et *Steppin' out*, les trois chansons qu'ils y interprétèrent.

Jamais, même lors de ses prestations au sein des Bluesbreakers, Eric Clapton n'avait fait sonner une guitare de la sorte. Ginger Baker martelait ses peaux comme un damné, tandis que Jack Bruce transformait sa basse en missile V2, prêt à s'écraser sur la capitale de la fière Angleterre.

---

1. *Eric Clapton in his own words*, *op. cit.*

*
* *

La scène, nichée au fond du petit club londonien, était à moitié masquée par une épaisse fumée, déchirée de rais de lumière. Émergeant de ce nuage grisâtre, un homme tirait de sa guitare électrique des sons dont on ignorait l'existence. La peau était cuivrée, le cheveu crépu, le regard extatique. Il était gaucher, et parfaitement inconnu.

Accoudés au bar courant le long de la salle, Pete Townshend, le leader des Who, Karen, sa fiancée, et Eric Clapton ne le quittaient pas des yeux. La dernière chanson exécutée, sur un bouquet final de notes torturées, un ultime crescendo sonore, l'assistance se leva comme un seul homme, transportée par ce qu'elle venait d'entendre. Ça ressemblait à du blues, mais c'était plus que du blues ; on aurait dit de la pop, ça n'en était pas vraiment. C'était… En fait, personne n'aurait su dire ce dont il s'agissait…

Quelques instants plus tard, Eric Clapton demandait à être présenté à ce guitariste gaucher qui semblait réinventer la guitare à chaque accord.

– Monsieur Hendrix, permettez-moi de vous saluer, dit-il cérémonieusement.

On aurait dit qu'il allait se casser en deux et claquer des talons, comme un officier prussien de la Belle Époque.

Pete Townshend se rappelle : « *Voir Jimi Hendrix m'a détruit, littéralement détruit. Eric Clapton et moi sommes allés l'écouter une dizaine de fois à Londres.*

Eric n'avait pas de copine à l'époque. Nous étions juste moi, ma future femme Karen et lui. Son style était littéralement "monstrueux". C'en était arrivé au point où, à chaque fois, Eric se levait pour aller lui "présenter ses respects". Une fois, j'y suis allé avec lui. Il a étreint Eric, et s'est contenté de me tendre une main molle [1] *!* »

Entre Jimi Hendrix et Eric Clapton, l'amitié, l'estime, l'admiration furent immédiates. Sur scène, le premier joua longtemps *Sunshine of your love*, de Cream. Le second reprit plus tard *Little Wing*, l'un de ses plus beaux titres. Une relation que seule la mort de Hendrix interrompit. Un soir où, justement, les deux hommes avaient prévu de se rendre au concert de Sly and the family Stone ; un soir où Eric Clapton avait remué ciel et terre pour acheter une guitare Fender Stratocaster de gaucher, comptant l'offrir à son ami…

« *Plusieurs fois, Jimi a rejoint Cream sur scène. Il avait tout, connaissait tous les trucs. À la guitare, c'était un véritable génie, capable de jouer avec ses*

---

1. Cité par *Guitare et Claviers*, hors série n° 1.

Notons que Clapton et Townshend ne furent pas les seuls guitaristes à avoir été marqués à ce point par Jimi Hendrix. Ainsi, Stevie Ray Vaughan, lui aussi interprète d'une magistrale version de *Little Wing*, devait déclarer à Frédéric Charbaut, journaliste de la radio Jazzland, lors de son premier concert parisien : « *La chose à laquelle je tiens le plus au monde, c'est ça…* » L'objet en question n'était autre qu'un morceau de papier que Jimi Hendrix avait signé de son nom. Lorsqu'en 1989, Stevie Ray Vaughan rendit son âme à Dieu, dans un accident d'hélicoptère, alors qu'il était en tournée avec Buddy Guy et Eric Clapton, il portait encore, contre son cœur, ce petit morceau de papier froissé.

dents, derrière la tête ou allongé sur le sol. Jack et Ginger, en revanche, ne l'appréciaient guère. Ils savaient que Jimi allait, lui aussi, monter un trio, et n'aimaient pas la concurrence. C'est un sentiment que je n'ai jamais éprouvé à son égard. Jimi Hendrix était un frère pour moi. Et je crois, qu'à mon égard, il éprouvait pareille affection [1]. »

*
* *

En décembre 1966, le 33 tours *Fresh Cream* arrivait dans les bacs des disquaires. Le succès fut immédiat. L'album ne tarda pas à figurer parmi les cinq meilleures ventes de l'année. Pourtant, Eric Clapton restait sceptique : « *Je n'étais pas vraiment heureux, je pensais qu'on aurait pu tellement mieux faire. La production n'était pas excellente, non plus* [2]. » Éternel insatisfait ou perfectionniste maniaque ? Toujours est-il qu'en 1992 il traîna les pieds en apprenant qu'*Unplugged* allait être commercialisé : il estimait que sa prestation était des plus moyennes. Et ce ne sont pas les douze millions d'exemplaires vendus depuis qui semblent lui avoir fait changer d'avis…

Cream s'était longuement rodé dans les clubs londoniens. Il lui fallait passer à la vitesse supérieure, toucher un plus vaste public. En février 1967, les trois compères entamèrent une tournée de deux mois, qui les conduisit successivement en France, en Hollande,

1. *Eric Clapton in his own words, op. cit.*
2. *Eric Clapton, the new visual documentary, op. cit.*

en Allemagne de l'Ouest et dans les pays scandinaves. Fin mars, ils partaient chercher la consécration finale aux États-Unis, au RKO Theater de New York.

Eric Clapton, Jack Bruce et Ginger Baker étaient conscients qu'il s'agissait là d'une chance unique, qu'il n'était pas question de laisser passer. Aussi, du 25 mars au 3 avril, donnèrent-ils... cinq shows quotidiens ! L'affiche avait de quoi faire rêver, Cream partageant la vedette avec les Who, Lovin' Spoonful et Wilson Pickett.

L'effort finit pas payer. Les foules accouraient. Le nom de Cream était sur toutes les lèvres. En août 1967, ils se produisirent à Los Angeles, au fameux club Whiskey A Go Go, qui vit également les débuts des Doors, et au Fillmore West de San Francisco.

Jack Bruce se souvient : « *Tous ces mômes qui s'entassaient pour nous voir. Pour la première fois, nous avions un public, un grand public, qui nous suppliait de jouer. Qui nous disait des trucs du genre "Jouez n'importe quoi, mais jouez ! Jouez ! On vous aime !" C'est comme ça que les choses ont commencé. Pour moi, il s'agit de la plus belle époque de Cream* [1]. »

La magie de Cream, car Cream était un groupe magique, tenait à l'alchimie opérée par ses trois musiciens, faite de complicité, de compétition parfois, qui les faisait s'affronter sur scène en des joutes toujours magistrales, parfois acrobatiques...

En cette période pré-soixante-huitarde, la musique de Cream, plus qu'une simple musique expérimentale,

1. *Op. cit.*

60

était celle de la jeunesse européenne et américaine en rébellion ouverte contre le « monde » des parents. Cause certes un peu vague, mais qui en valait bien une autre... Ces jeunes donc – étudiants, ouvriers insatisfaits –, avaient trouvé dans le blues un écho à leur malaise, à ce mal de vivre généré par la société dite de « consommation ». Une société matérialiste qui ne leur apportait que désillusions, alors qu'eux aspiraient à de grands desseins, à un idéal de fraternité.

À l'époque, un slogan signé du poète beatnik Tuli Kupferberg fleurissait sur les murs et dans les livres : « *Turn on, time in drop out.* » On pourrait traduire par « *Branche-toi, accorde-toi et sors du "Système"* ». Nombre de ces jeunes voulaient bien se « brancher », « s'accorder » ensemble, se défoncer, éventuellement... ils ne tenaient pas pour autant à se « débrancher » du « Système », à rompre avec la société, le travail et la famille... Bref, ils surent rester « raisonnables » dans la folie ambiante. L'avenir leur donna raison.

Mais il y avait plusieurs façons de faire ce fameux grand saut. Celle que proposait Cream s'inspirait des musiciens traditionnels indiens, tel Ravi Shankar, une véritable idole à l'époque [1]. Une plénitude spirituelle, modale et incantatoire, c'était ce que la musique de Cream apportait à cette jeunesse... sur « un air de blues ».

Ce blues des années vingt et trente, que l'Amérique redécouvrait à travers la voix de Leadbelly, l'harmonica de Sonny Terry, les guitares de Furry Lewis, John

---

1. Ravi Shankar restera surtout célèbre pour sa prestation au Festival de Woodstock, en 1969.

Lee Hooker et Lightnin' Hopkins. Ce blues que les jeunes Européens découvraient, eux aussi, grâce aux tournées sur le Vieux Continent de Muddy Waters, Memphis Slim et Sonny Boy Williamson et de quelques autres. Ces vétérans, d'ailleurs, ne dédaignaient pas se faire accompagner par les musiciens les plus doués de cette nouvelle génération, les John Mayall, Brian Jones, Keith Richard et... Eric Clapton, qui découvrirent ainsi un nouveau mode musical, un nouveau mode de vie tout court.

Cream, à l'instar de Canned Heat ou des Doors aux États-Unis, arrivait à point nommé pour transcender ce blues traditionnel et lui insuffler l'esprit du raga indien, l'énergie du rock'n'roll, le feu des rythmes africains et sud-américains, la folie du free jazz...

L'originalité de ce trio, outre ce désir commun de fondre toutes ces influences en une parfaite symbiose musicale, tenait surtout à la forte personnalité de chacun de ses membres, qu'il s'agisse de leurs talents musicaux ou de leur comportement quotidien. C'est d'ailleurs le choc de ces ego qui, s'il fut l'un de leurs principaux atouts, finit par devenir, à la longue, leur faiblesse majeure...

Ginger Baker, à l'origine batteur de jazz, avait été fortement influencé par les rois du tom-tom que furent Gene Krupa et Zooty Singleton. C'est pourquoi son jeu, au sein de Cream, fut beaucoup plus qu'un simple soutien rythmique. Sa double batterie, qui ne comptait pas moins de quinze ou vingt toms différents, était accordée de manière à fournir au groupe un martèlement harmonique. Mieux, son instrument possédait un registre mélodique assez vaste pour lui permettre de dialoguer avec ses deux coéquipiers, et même, parfois, de relancer l'improvisation à lui seul.

On comprend alors, dans de telles conditions, que le jeu de Jack Bruce n'ait jamais subi la moindre entrave ; les inflexions, le soutien harmonique et les breaks étant déjà assurés par la batterie. Ainsi, sa basse Gibson pouvait décoller dans le vrombissement de ses deux, voire quatre, amplificateurs Marshall double-corps, et venir converser avec la guitare d'Eric Clapton. Côté puissance de feu, ce dernier n'avait rien à envier au bassiste. S'il finit par abandonner sa fidèle Gibson Les Paul quelque temps après les débuts du groupe, il opta, dès 1967, pour un modèle SG Standard, qui avait été richement enluminé par un peintre de ses amis.

C'est à cette époque qu'Eric Clapton commença à démontrer qu'il était aussi un chanteur fort présentable, même si la grande majorité des parties vocales était assurée par Jack Bruce. Maintenant, on comprend mieux qu'avec de telles fondations, une si belle charpente rythmique, harmonique et mélodique, solide et souple à la fois, Eric Clapton n'ait plus eu qu'à donner libre cours à son immense talent, sa virtuosité, son inspiration...

Avouons que, pour lui, le tournant avait été rapide. Du blues classique d'un John Mayall, au rock débridé de Cream ; de la musique du Delta aux arabesques débridées, psychédéliques avant l'heure, il n'avait eu d'autre choix que de pousser son jeu dans ses derniers retranchements. Longtemps après, en 1987, il expliquait devant les caméras de la télévision anglaise : « *Cream louchait vers la fusion jazz-rock. J'avais l'impression de me jeter à l'eau. Mais, ce faisant, j'ai beaucoup appris, surtout avec Jack Bruce. Je me suis retrouvé avec des gars aussi fous que moi, des fanatiques de musique. On se fichait pas mal qu'on aime ou qu'on n'aime pas ce que nous faisions, qu'on ait du succès ou qu'on n'en ait pas. Nous prenions tant de plaisir à jouer ensemble. C'est tout. Souvent, ça partait dans toutes les directions. On ne pouvait tout simplement pas s'arrêter de jouer. Comme aucun de nous ne dirigeait réellement le groupe, il n'y avait personne pour dire d'arrêter le morceau en cours. S'il y en avait un qui partait, alors on le laissait faire et on le suivait. Il y avait souvent de la compétition entre nous. Parfois, ça ressemblait même à une guerre ouverte ; du moins, c'est ce que devait penser le public ! Nous partions dans une direction, ou dans une autre, mais nous finissions toujours par nous retrouver à la fin. J'ai vraiment été très heureux pendant cette période. Jack et Ginger m'ont apporté une énergie positive. Durant la première tournée américaine, nous devions nous mesurer à des groupes comme Jefferson Airplane. À l'époque, ils étaient en perte de vitesse et j'avais l'impression qu'ils n'avaient jamais écouté de vraie musique. Nous avons balayé tout ça. Pourtant, mes meilleurs souvenirs ne concernent pas directement Cream... Non, le meilleur, à y bien réfléchir, c'était quand nous jouions au Filmore, avec BB King ou Albert King. Là, c'était fini, les fantaisies, il fallait jouer sérieux, nous devions faire attention : c'était du blues [1] ! »*

« God Slowhand », le dieu à la main lente, n'était aux États-Unis qu'un guitariste de talent, sans plus. Après cette tournée inaugurale, ce premier contact

1. BBC, 1987.

avec les grandes salles qui les changeait tant de l'intimité des arrière-salles de pub, Eric Clapton commença à gagner ses premiers galons de star. Jack Bruce demeurait, certes, le moteur du groupe, celui qui composait et chantait ; mais, déjà, nombreux étaient les regards à se tourner vers ce guitariste un peu fou, qui n'avait pas son pareil pour se lancer dans d'inimitables envolées, semblait parler par le truchement de sa guitare, lui donnait vie pour la faire, tour à tour, pleurer de douleur ou hurler de chagrin. Son jeu était alors – et demeure – inimitable. Personne ne savait faire chanter la six cordes comme lui. Petit à petit, sans réellement s'en rendre compte, il devenait le prototype même de ce que l'on nommerait, plus tard, les « *guitar-heroes* ».

Mais en avait-il seulement envie ?

En fait, non.

Eric Clapton, peut-être parce qu'il était enfant illégitime et que l'amour de ses grands-parents n'avait pas remplacé celui des parents qu'il n'avait jamais eus, était avant tout à la recherche de son identité. Peu lui importaient les feux illusoires de la renommée ou l'image que le public avait de lui.

Alors, faute de se trouver, de savoir qui il était vraiment, il se laissa bercer au gré des influences, successives et diverses.

Ami de Jimi Hendrix, il en adopta les vêtements et la coiffure. Il rechignait à se mettre en avant, n'ayant qu'une confiance limitée en ses capacités vocales. Il suffisait, pour s'en persuader, de le voir chanter *Crossroads*, de Robert Johnson, ou faire les chœurs sur *I'm so glad* : gauche, emprunté. Il n'avait pourtant pas à avoir honte de ses prestations. La voix était bien posée, avait du timbre et de la couleur, une indéniable personnalité. Tout le monde croyait à Clapton quand il chantait, sauf lui, qui pensait ne pouvoir bien s'exprimer que par guitare interposée.

Il est vrai que la personnalité de Jack Bruce n'avait rien pour l'aider à s'émanciper. Eric Clapton était d'origine plus que modeste et avait appris à jouer seul, sur la fameuse petite guitare de plastique. Le bassiste de Cream, lui, avait étudié la musique au conservatoire. Fort d'un long apprentissage classique, il pouvait se permettre de prétendre en faire exploser les cadres qu'il jugeait par trop conventionnels.

« *Il y a deux ans, je me suis fait virer du conservatoire. Et j'ai oublié ce que j'avais appris. Enfin ! Je crois que l'enseignement n'est pas ce qu'il devrait être. Il est le même pour tout le monde, et ne tient pas compte des aptitudes individuelles. Les professeurs ne cherchent pas à découvrir qui vous êtes. De plus, l'improvisation, et toute la liberté qu'elle implique, est très mal vue dans ces écoles. Mes maîtres, qui me disaient doué pour le violoncelle, me répétaient inlassablement que je n'étais pas doué pour composer. Je me souviens de l'un d'eux en particulier, une femme. À quatorze ans, j'avais écrit un quatuor pour cordes. J'en étais très fier. Pas elle, qui s'est mis à gribouiller ma partition, à la corriger du début à la fin. J'ai mis un an à digérer cet affront. Elle me disait toujours que je n'étais pas un compositeur, que ma voie était ailleurs, que j'avais tout pour finir violoncelliste. Elle m'imaginait déjà quatrième violoncelle de l'Orchestre d'Écosse* [1]. »

1. *Cream Farewell Concert, op. cit.*

Propos représentatifs d'une certaine époque, un rien injustes, mais inévitables dans la bouche d'enfants trop gâtés, dénigrant un apprentissage « classique » que beaucoup auraient aimé avoir enduré. Eric Clapton, par exemple, aujourd'hui grand admirateur de Verdi et de Puccini, doit bien regretter de n'avoir pas été soumis à une telle discipline. Lui qui prétendait « *jouer de la guitare pour se défouler, comme d'autres, amateurs de football, tapaient dans un ballon pour expulser le stress de la journée passée* ».

À ce propos, Jack Bruce ne pouvait s'empêcher, malgré lui peut-être, de renier sa formation, et de lui rendre ce vibrant hommage, probablement involontaire :

« *Celui qui m'a ouvert les yeux, c'est Jean-Sébastien Bach. Ça peut paraître drôle, mais je le tiens pour l'un des plus grands bassistes de tous les temps. Ses lignes de basse sont époustouflantes. Chaque bassiste a beaucoup à apprendre de ces harmonies conventionnelles* [1]. »

Le parallèle entre les deux hommes, Eric Clapton et Jack Bruce, ne manque pas d'intérêt.

Le premier, issu d'un milieu social « défavorisé », a toujours manifesté sa soif d'apprendre, et a toujours conservé intactes ses capacités d'émerveillement.

Le second, jeune bourgeois, enfant du siècle, beau phraseur, quoique parfois malhabile, mais roublard et intelligent, en vint à avouer que son œuvre n'était qu'anecdotique : « *Les chansons que nous jouons ne sont pas importantes. Ce ne sont que des tremplins pour l'improvisation. Nous ne travaillons guère que les débuts et les fins de morceaux, le reste... Nous ne*

---

1. *Op. cit.*

savons jamais qui va partir en solo ni ce qu'il va se passer après. Ça vient tout seul, ça dépend de l'ambiance, de l'humeur. Nous ne jouons jamais dans un but déterminé. Il ne nous viendrait jamais à l'idée d'écrire un tube, de faire un truc de 2 minutes 35 avec des paroles conçues pour plaire à des gamines de onze ans. Nous ne fonctionnons pas comme ça, pas comme les autres groupes. J'ai fait partie d'une formation qui envisageait tous ses morceaux sous cet angle. Le fait que nous ayons du succès est sûrement un accident. Je n'ai pas envie d'appartenir au créneau de la pop-musique, parce que ça ne va pas assez loin. Je considère cela comme une industrie. Je fais des choses qui sont bien plus éloignées de la pop que les gens ne le croient. Ils apprécieraient tellement plus si seulement ils savaient [1]. »

En effet, sur scène, sous l'impulsion de Jack Bruce, Cream n'hésitait pas à se lancer dans d'interminables improvisations. L'une des plus belles demeurant, à ce jour, le solo de batterie de Ginger Baker sur *Toad*, lors du concert d'adieu du groupe, le 26 novembre 1968, au Royal Albert Hall de Londres. Un quart d'heure durant, le forcené martyrisa ses caisses et ses cymbales. Géant, grandiose, mais long... très long ! On aimait alors ce genre de fantaisies, que Cream – mettons cela à son crédit – fut le premier à développer systématiquement. Pour autant, ce qui était vrai sur les planches l'était moins en studio. En témoignent les très « réglementaires » durées de leurs principaux succès, *Sunshine of your love* et autres *White Room*, chansons phares de cette musique pop de la fin des années soixante...

1. *Cream Farewell Concert.*

Ainsi, Cream était entré de plain-pied dans la légende. Une légende si tenace que l'année 1994 vit la naissance d'un groupe lui ressemblant étrangement... BBM, soit Jack Bruce, Ginger Baker et... Gary Moore à la guitare. Ouvrons une parenthèse, ce qui permettra de se poser quelques questions quant aux motivations profondes de cette tardive reformation, Eric Clapton ayant définitivement décliné les propositions de ses deux anciens partenaires. Le vieux Jack Bruce, qui semblait tant mépriser les contingences commerciales, n'aurait-il pas senti là une occasion inespérée de redorer son blason auprès de sa maison de disques ? Ce cher Ginger Baker semblait, quant à lui, être revenu tant bien que mal de toutes ses « stupéfiantes » expériences ethnico-musicales...

Alors, l'extraordinaire succès remporté auprès du jeune public « blues » par cet increvable mercenaire de la six cordes qu'est Gary Moore tombait à point nommé pour ressusciter, trente ans plus tard, un trio au moins aussi « crémeux » que le précédent.

Les déclarations de Jack Bruce au quotidien *Libération* du 7 juin 1994 résument assez bien l'état d'esprit qui avait présidé à la naissance de ce « nouveau » trio : « *L'an dernier, nous avons rejoué pour la première fois en public tous les trois, avec Eric et Ginger, à l'occasion de l'intronisation de Cream au Rock'n' roll of Fame. Eric a bien résumé alors ce qui avait causé notre séparation : trop dur, trop vite, sans prendre le temps de réfléchir, ni de composer. Nous étions trop pressés pour rester amis. Dommage, parce que ça ne s'est dégradé que la dernière année, à Paris, en 1967. Nous étions encore très copains, et ravis de jouer sur le Vieux Continent, mais nous étions surtout sur les nerfs. C'est la pression qui avait fait notre style, avec ses bons et ses mauvais aspects. Préserver, et si possible prolonger l'inspiration de ce moment-là, c'est ce à quoi nous aspirions avec Gary Moore, qui a vu Cream à Belfast quand il avait treize ans. Je ne suis pas sûr qu'Eric soit aussi motivé actuellement. »*

*
*   *

Mai 1967, New York, les studios Atlantic.

Jack Bruce, Ginger Baker et Eric Clapton commençaient à enregistrer leur deuxième album, *Disraeli Gears*, titre rigoureusement intraduisible. Là, ils signèrent outre *Tales of Brave Ulysses*, l'un de leurs plus grands titres : *Sunshine of your love.*

L'album, double qui plus est, fut enregistré en un temps record. Tom Dowd, l'ingénieur du son, se souvient : « *Leur visa arrivait à expiration, aussi n'avaient-ils que trois jours pour le mettre en boîte et quitter les USA. Ahmet Ertegun, le patron d'Atlantic Records, s'était contenté de décrocher son téléphone et de me dire qu'il voulait absolument que je m'occupe de ce groupe anglais et qu'il fallait que je fasse vite, car ils avaient un avion à prendre le dimanche soir suivant* [1]. »

Le résultat fut au-dessus de leurs espérances. Les nouveaux titres furent illico étrennés à la BBC. Puis, sans reprendre leur souffle, ils retournèrent en studio,

1. *Eric Clapton, the complete recording sessions, op. cit.*

avec Tom Dowd à la console et Felix Pappalardi à la production. Aux studios IBC de Londres, pour commencer, à ceux d'Atlantic à New York pour finir. Nouvel album, *Wheels of Fire*, nouvel hymne avec *White Room*, une chanson que « God Slowhand » joue encore aujourd'hui..

Cette frénésie créatrice laissa pourtant le temps à Eric Clapton de jouer avec Aretha Franklin, la divine prêtresse du rhythm'n'blues, sur son album *Lady Soul*. C'est durant cette période qu'Eric Clapton, le plus effacé du trio, se lia d'amitié avec George Harrison, lui aussi le plus discret des *Fab Four*, les Beatles...

« *Vous savez*, expliquait récemment Eric Clapton à la télévision anglaise, *si vous voulez rester en vie, la dernière des choses à faire est de tomber amoureux de la femme d'un Beatle, surtout à l'époque !* »

C'est pourtant ce qu'il fit.

La femme en question se nommait Patti Boyd, était mannequin, avait un visage d'ange, les yeux bleus et les cheveux couleur de blé mûr. L'occasion de cette rencontre ne prêtait pourtant pas à la gaudriole, s'agissant d'une session dans les célébrissimes Abbey Road Studios, où Harrison avait rameuté le ban et l'arrière-ban des gratteurs de sitar hindous. Eric Clapton, quant à lui, se contenta plus prosaïquement de faire pleurer sa Gibson Les Paul tout en glissant de doux regards à la belle Patti.

George Harrison, lui, ne vit rien, tout absorbé qu'il était par les circonvolutions transcendantales de ses tout nouveaux copains, Shambu-Das, Indril Bhattacharya et Shankar Gosh. La chanson qu'ils devaient enregistrer ensemble se nommait *Ski-ing* et figura sur le disque *Wonderwall Music*.

Patti Boyd Harrison, elle, se contenta ensuite de paraître, discrètement pour commencer, plus ouvertement par la suite, au bras d'Eric Clapton.

Ce dernier, au fur et à mesure que venait le succès, montrait une fâcheuse tendance à l'introspection. À sa place, n'importe qui d'autre aurait trépigné de joie en voyant qu'en août 1968 le double album *Wheels of Fire*, à peine sorti, caracolait en tête des ventes, que les concerts de Cream affichaient complet avec une désolante monotonie, que lui et ses amis étaient en passe de devenir des mythes vivants.

Oui, n'importe qui d'autre à sa place en aurait été ravi.

Pas lui.

La preuve, le 20 mars de cette année, avec Neil Young, il se faisait arrêter à Los Angeles, en possession d'une copieuse cargaison de stupéfiants. Eric Clapton venait de perdre le premier round d'un interminable combat qu'il allait mener contre la drogue. Une lutte désespérée, que mille fois il pensa perdre, un corps à corps qui l'emmena, exsangue, vidé de toute substance, réduit à l'état de cadavre, jusqu'au début des années soixante-dix.

L'héroïne est une maîtresse voluptueuse mais exigeante, qui tolère mal les infidélités. Eric Clapton se mit à l'aimer passionnément.

Presque autant que Patti Boyd Harrison, qu'il eut l'occasion de rencontrer une nouvelle fois, lors de l'enregistrement du mythique *White Album* des Beatles. Ainsi, le 6 septembre 1968, alors que son amitié avec le George du même nom devenait chaque jour plus étroite, il passa une nouvelle fois la porte des Abbey Road Studios.

Pour lui, le moment était historique. Il allait être le seul musicien extérieur au groupe à jouer avec les Beatles. Son nom ne fut pas mentionné sur la pochette de l'album. La chanson avait pour nom *While my guitar gently weeps*. Elle entra immédiatement au panthéon du rock'n'roll. Le solo qu'exécuta Eric Clapton aussi. Voyons ce qu'en pense le principal intéressé, George Harrison : « *Un jour, j'avais commencé à travailler sur cette chanson avec Paul, John et Ringo, mais elle ne semblait guère les émouvoir. Pourtant, en mon for intérieur, j'étais persuadé qu'il s'agissait d'une "jolie" composition. Quelques jours plus tard, j'étais avec Eric. Je lui ai dit : "Viens avec moi, aujourd'hui on enregistre* While my guitar gently weeps, *je suis sûr que tu pourrais faire quelque chose dessus..." Eric a immédiatement refusé, rappelant que personne d'autre que nous quatre n'avait jamais joué sur l'un de nos albums. Je lui ai répondu : "Viens, c'est ma chanson, je veux que tu sois dessus." Il a fini par se laisser convaincre. Le plus drôle, c'est que les plus impressionnés étaient encore Paul, John et Ringo. Le simple fait d'avoir à jouer avec "God Slowhand" les a poussés dans leurs derniers retranchements, à être meilleurs que jamais* [1]. »

Inutile d'insister sur le résultat final, qui donna lieu à l'une des plus belles chansons de George Harrison, et peut-être même des Beatles.

Un mois plus tard, Jack Bruce, Ginger Baker et Eric Clapton faisaient ce constat commun : Cream avait été un groupe de rêve. Il fallait qu'il disparaisse avant de tourner au cauchemar. Les trois hommes entamèrent donc une tournée d'adieu, dont le point d'orgue eut

1. *Op. cit.*

lieu au Royal Albert Hall, le 26 novembre 1968, avec, en première partie, Rory Gallagher et le groupe Yes, tous deux promis à de brillantes carrières [1].

Ce concert d'adieu, immortalisé par les caméras de la BBC, fut la plus belle des révérences que le trio pouvait faire à ses fans. Ils jouèrent bien, très bien ; fort, très fort. Tant de légendes s'affadirent au gré des compromissions, pour finir par sombrer dans l'oubli et l'indifférence. Ce ne fut pas le cas de Cream, qui réussit en cette occasion une jolie pirouette vers la sortie des artistes.

Mieux, ultime politesse envers ce public qui les avait fait rois, ils signèrent, à la fin de cette année, un dernier album au titre définitif : *Goodbye Cream*. On put, entre autres, y découvrir une nouvelle composition du duo Clapton/Harrison : *Badge*.

Pour la petite histoire, cette chanson devait s'appeler *Bridge*. C'est, tout du moins, ce que George Harrison, l'auteur des paroles, avait inscrit sur un bout de papier de sa très vilaine écriture. « *Badge* ? Ça veut dire quoi », s'amusa Clapton qui s'apprêtait à enregistrer les voix et ses parties de guitare. « Non, *Bridge* ! », rétorqua le Beatle. « *Badge*, ça sonne mieux », conclut Eric Clapton, tout en jouant ce riff d'introduction si beau, si définitif, qu'on pourrait croire qu'il a été enregistré hier.

---

1. Notons, à ce propos, que cette tournée d'adieu, les 18 et 19 octobre 1968, permit à un autre groupe de faire ses premières armes : Deep Purple.

IV

UNE FOI AVEUGLE EN MAJNUN ET LAYLA

> *Quand j'ai écrit* Presence of the Lord, *j'avais un véritable chez-moi, je me sentais bien dans ma peau, j'étais heureux d'avoir quitté Cream. Cette chanson parle de gratitude. Je ne suis pas quelqu'un de très religieux, et je ne pense pas l'avoir jamais été. Mais j'ai toujours aimé remercier Dieu, qu'importe son nom, d'ailleurs, pour les plaisirs que cette vie pouvait m'offrir.*

Chicago, janvier 1969, dix heures du matin.

Le jeune homme qui venait de descendre du *yellow cab* regarda d'abord à gauche, puis à droite. Puis sur son plan. C'était plus sage, tant la banlieue de cette cité industrielle du nord des États-Unis avait tout du labyrinthe pour l'Anglais qu'il était.

Comme il ne parvenait toujours pas à s'orienter, il se décida à demander son chemin à un vieux Noir, au visage aussi tanné qu'un cuir de bottine, qui passait par-là.

— *Straaaaaight ahead, and tuuuuurn left. Ha'v nice day, sir*, répondit le vieillard.

Le jeune homme s'inclina respectueusement devant son interlocuteur et passa son chemin. Alors qu'il tournait au coin de la rue, le vieux Noir l'observa un instant en souriant. C'est vrai qu'il avait l'air bizarre l'étranger, avec sa peau toute blanche, sa carrure de poulet, sa coiffure afro, son pantalon de soie moulant et sa chemise à fleurs. À la main, il portait une petite valise. Le vieux Noir aurait parié la moitié de sa solde d'ancien de la 42e Airborne et ce qui lui restait de son poumon gauche qu'il s'agissait d'un Anglais.

Normal, il n'y avait que les Anglais pour pousser ainsi le raffinement vestimentaire, à la limite de l'androgynie.

Quelques minutes plus tard, le jeune homme parvenait enfin à la grille d'un pavillon aux murs décrépis, noirs de suie. Il rectifia sa mise et appuya sur le bouton de la sonnette. Il vit un rideau grisâtre bouger à une fenêtre. Quelques secondes passèrent.

Enfin, la porte du pavillon s'ouvrit sur une épaisse silhouette.

— C'est pour quoi ? grommela le propriétaire des lieux, d'une voix qui semblait sortie d'un concasseur.

— Laissez-moi tout d'abord me présenter, monsieur. Je me nomme Eric Clapton… Vous êtes bien Willie Dixon ?

— Ouaip ! C'est le nom que l'on m'a toujours donné, depuis tout petit, dans le Sud, là-bas. Mais dis-moi, môme, ton nom et ta gueule me disent quelque chose... Tu ne serais pas déjà passé à la télé, par hasard ?

– Peut-être. J'étais le guitariste du groupe Cream. Je peux entrer ?

– Allez ! Entre toujours...

Eric Clapton posa sa valise sur le bureau de Willie Dixon et l'ouvrit. Elle contenait près de vingt mille dollars en liquide...

– Monsieur Dixon, nous nous sommes permis, lors de notre dernière tournée, de reprendre l'une de vos chansons, *Spoonful*. Voici l'argent qui vous revient...

– Dis donc, p'tit Blanc, sourit le vieux Dixon, ne me dis pas que tu as traversé l'Atlantique pour me verser des droits ! Ça fait des années qu'on joue mes chansons sans jamais me refiler un cent [1]...

1. En Amérique du Nord, il n'existe que deux sociétés de droits d'auteur : ASCAP et BMI. Elles sont chargées non seulement de gérer les droits des auteurs mais, de plus, elles assument la lourde tâche de les collecter aux États-Unis et dans le monde entier. En France, la SACEM, qui agit pour le compte des auteurs et des éditeurs, est seule habilitée à percevoir ces droits. Fonction dont elle s'acquitte avec une remarquable efficacité, ce qui est loin d'être le cas aux États-Unis. (Ici, près de 80 % des sommes perçues sont réparties trimestriellement aux auteurs-compositeurs français... et étrangers.) Dans ces conditions, on comprend que la plupart des artistes noirs américains se soient longtemps fait gruger, ignorant jusqu'au simple mot de royalties. C'est sous la houlette de personnalités telles que Willie Dixon, justement – auteur des plus grands succès des artistes de la maison de disques Chess : Muddy Waters, Chuck Berry, Howlin' Wolf – que la situation a évolué et que les Noirs ont pu fonder leurs propres sociétés d'édition phonographique (ARC Music, Tamla-Motown, Hoochie-Coochie Music, etc.).

– Je sais, monsieur. Croyez bien que je le regrette. Que cet argent répare au moins une partie du préjudice.

Willie Dixon toisa son interlocuteur de bas en haut. De ses boots vert pomme à sa coiffure en poil de caniche. Indubitablement, il avait l'air d'une fille. D'un brave gars, aussi. La preuve, le vieux bluesman venait d'apprendre que l'année précédente, d'autres groupes anglais, dont il n'avait pas oublié les noms [1], avaient repris nombre de ses titres, sans qu'il voie l'ombre d'un billet vert. Il eut un petit pincement au cœur, sentit une boule faire un rapide aller et retour dans sa gorge, tandis qu'une larme lui perlait au coin de l'œil. Il eut ensuite un bref regard vers tout ce bel argent, soigneusement empilé par liasses, dans la petite valise trônant sur le bureau.

Un large sourire illumina sa belle trogne aux reflets d'ébène. Il farfouilla dans une caisse en carton, posée à même le sol, en sortit une bouteille de bourbon.

– Dis donc, p'tit, tu ne vas pas refuser de trinquer avec l'ancêtre ? lança-t-il en attrapant deux verres.

– Au contraire, avec plaisir, monsieur, répondit Eric Clapton. Avec grand plaisir…

*

* *

1. Willie Dixon a depuis intenté et gagné de nombreux procès pour plagiat. Le dernier en date, peu avant sa mort, avait pour objet le fameux riff de *Whole lotta love*, « emprunté » par Led Zeppelin.

1969, quelques semaines plus tard.

Sur la lancée de Cream, la mode était désormais aux « supergroupes ». Rassemblements hétéroclites des vedettes les plus en vue du moment ; gigantesques combats de catch où les riffs de guitares et les roulements de grosse caisse tendaient à remplacer les coups de pied jetés et autres méchantes clefs dorsales. Le 10 décembre 1968, par exemple, les studios Intertel de Wembley avaient accueilli le Rock and roll Circus, éphémère formation où l'on trouvait Eric Clapton et John Lennon au chant et aux guitares ; Mick Jagger et Yoko Ono dans les chœurs ; Keith Richard à la basse et Mitch Mitchell à la batterie, fonction qu'il occupait également auprès de Jimi Hendrix.

On notera, qu'à la désolation générale, ces bandes ne sortirent jamais dans le public.

Épuisé par l'expérience de Cream, Eric Clapton aurait pu prendre quelque recul. Il n'en fut rien. Stevie Winwood, pianiste de renom, ami de la période Yardbirds, avec lequel il avait enregistré en 1966 quelques titres au sein de Powerhouse, ne tarda pas à venir le relancer dans sa retraite. Winwood, ancien du Spencer Davis Group, venait tout juste de quitter Traffic, autre prestigieuse formation de l'époque. En guise de dot, il amenait avec lui Rick Grech, bassiste et violoniste de renom.

Il ne manquait plus qu'un batteur.

Eric Clapton pensa immédiatement au meilleur d'entre eux : Ginger Baker, que les drogues qu'il consommait en quantités industrielles n'avaient pas encore trop diminué.

Pour espérer maintenir un semblant de cohésion entre quatre personnalités si fortes, il fallait avoir la foi. Ils l'eurent. À tel point que ce nouveau « supergroupe » se baptisa Blind Faith, soit « Foi aveugle ». Nom qui ne fut rendu public qu'en mai 1969, grâce à l'hebdomadaire britannique *Melody Maker*.

Ils entrèrent en studio début février, dans une atmosphère des plus débridées. Ils commencèrent par s'amuser, à jouer du blues, du jazz, du rock, du folk. Ils enregistrèrent même une version de *Hey Joe*, la chanson de Billy Roberts, immortalisée par Jimi Hendrix. Il y eut en tout huit prises de ce titre qui, malheureusement, doivent encore traîner aujourd'hui quelque part dans les caves de Polydor. Les séances de cet album, intitulé lui aussi *Blind Faith*, ne s'achevèrent qu'en juin 1969. Eric Clapton n'y signa qu'une seule chanson, *Presence of the Lord*, fameuse pour son début tranquille que vient dynamiter, en plein milieu, un solo de wah-wah paroxystique.

Pourquoi un seul titre, alors que ses talents de compositeur étaient plus que prometteurs ? Pourquoi se fondre, presque anonyme, au sein d'un groupe de musiciens aussi fameux que lui, alors que sa renommée lui aurait permis déjà de faire carrière en solitaire ?

Les réponses à une telle question sont simples. Et multiples. Tout d'abord, Eric Clapton, écrasé par une légende, aussi divine que précoce, hésitait à affronter, seul, les feux de la rampe. De plus, il hésitait toujours à chanter, à tenir le devant de la scène. Pour finir, une consommation impressionnante des stupéfiants les plus divers contribuait à l'enfermer, chaque jour davantage, dans un isolement grandissant, une tour d'ivoire de paranoïa galopante. Il était à la fois timide et désireux de croquer la vie à pleines dents.

Dès lors, Eric Clapton multiplia les collaborations. Chroniquement instable, il papillonna de droite à gauche, au gré des amitiés et des occasions, brûlant d'un feu intérieur qu'il n'osait plus éteindre.

Ainsi, en avril de cette même année, participa-t-il à l'enregistrement de *That's the way God planned it*, le premier grand succès de Billy Preston, pianiste intérimaire des Rolling Stones. Encore un groupe de rêve, puisqu'on y trouvait George Harrison à la guitare, Keith Richard à la basse, et Ginger Baker, encore lui, à la batterie.

Le 7 juin, les sessions d'enregistrement de *Blind Faith* enfin achevées, le quartette donnait son premier concert, gratuit, au Hyde Park de Londres. Rick Grech, le bassiste, se souvient : « *J'étais très nerveux avant de monter sur scène. Eric, Stevie et Ginger l'étaient d'ailleurs autant que moi. Nous connaissions bien les morceaux pour les avoir joués en studio. Mais, en public, c'était une autre affaire. Pour tout dire, nous ne nous étions même pas donné la peine d'y réfléchir... L'assistance s'attendait à ce que nous jouions et sonnions comme Cream, alors que Blind Faith n'avait rien à voir avec un trio de virtuoses, et cela nous inquiétait beaucoup* [1]. »

Contre toute attente, ce concert demeure, pour les privilégiés qui ont eu la chance d'y assister, un rare moment de bonheur [2]. Au mieux de sa forme, Eric

---

1. *Eric Clapton, the new visual documentary, op. cit.*
2. Votre serviteur (le plus guitariste de nous deux), ce jour-là perdu dans la foule bigarrée de Hyde Park, n'est pas prêt d'oublier ce concert au cours duquel Eric Clapton chanta un superbe *Ramblin' on my mind* en duo avec Stevie Winwood, à l'orgue Hammond B3. Ce dernier, pour ne pas être en reste, enchaîna sur une version très « roots » d'un autre succès de

Clapton, qui jouait pour l'occasion sur une guitare hybride – corps de Telecaster assorti d'un manche de Stratocaster –, rivalisa de virtuosité, quoi qu'en ait pensé Rick Grech. Même si les membres de Blind Faith ne l'avaient pas réellement souhaité, leur groupe perpétuait la légende de Cream. Le concert fut filmé et enregistré. Deux heures d'éternité arrachées à l'oubli, et consignées sur des bandes qui furent ensuite... perdues. Finalement retrouvées en 1990, vingt et un ans plus tard ! Et inédites à ce jour.

Forte de ce succès, la compagnie Polydor organisa dans la foulée une tournée américaine aux allures de marathon. Toutes les conditions étaient réunies pour qu'elle se solde par un triomphe.

Et ce fut le début de la catastrophe...

*
* *

2 août 1969, l'Olympia Stadium de Detroit.

L'album *Blind Faith* n'était pas encore dans les bacs des disquaires que les commandes se montaient déjà à... un million d'unités. Un succès qui était peut-être dû, en partie tout du moins, à un certain avant-goût de scandale. En effet, sur sa pochette, une jeune fille à peine pubère, au doux minois tavelé de tâches de rousseur et aux lèvres purpurines, y pointait deux petits seins mignons. Pire, elle étreignait dans sa menotte une sorte d'avion métallisé dont les formes oblongues

Robert Johnson : *Crossroads*. Lequel n'était autre qu'un des plus fameux chevaux de bataille de Cream sur scène.

évoquaient plus les rayonnages des sex-shops que les chaînes de montage de chez Boeing...

Mais revenons plutôt à ce 2 août 1969.

Dans l'arène, la foule surchauffée hurlait. Au-dehors, il était devenu presque impossible de distinguer quoi que ce soit. En rangs serrés, les policiers se mirent à charger au milieu des fumigènes. Les fans de Blind Faith, en groupes tout aussi compacts, repoussèrent par trois fois les assauts des forces de l'ordre. Des manifestants étaient traînés par les cheveux. Jetés à terre, on les bourrait de coups de pied et de matraque. Dès qu'un policier avait le malheur de quitter son groupe, il était pris à partie par la foule, bousculé, passé à tabac.

Chaque soir, depuis plus d'un mois, c'était le même spectacle : des hordes de jeunes gens se ruaient dans les stades pour y acclamer leurs idoles. Surexcités, extatiques, incontrôlables. Les municipalités dépêchaient les forces de l'ordre afin de maintenir un semblant de calme. L'affrontement, alors qu'on était en pleine guerre du Viêt-nam, entre une jeunesse « turbulente » et un pouvoir qui sentait les événements lui échapper, devenait inévitable.

Les projectiles les plus divers volaient en tous sens, les volutes des fumigènes et des gaz se mêlaient à celles de la marie-jeanne. Le sang des policiers, celui des spectateurs maculaient le bitume. Ça cognait fort dans les deux camps, tandis que le dieu à la main lente jouait *Presence of the Lord* sur fond de sirènes de police et d'ambulances...

Trop de stress, trop de pression, trop de violence, de fureur, de bruit et de scandale, trop de drogues et d'alcool, aussi : la folie entourant Blind Faith était plus que n'en pouvait supporter Eric Clapton. Renonçant, une fois encore, à être cette star que le public appelait de ses vœux, il choisit de se fondre dans un autre groupe, Delaney et Bonnie, qui assurait les premières parties de Blind Faith.

Dans la musique, comme partout ailleurs, il y a des bandes et des coteries. Delaney et Bonnie Bramlett, un gros barbu et une jolie blonde, appartenaient à celle de Joe Cocker et Leon Russel.

On ne présente plus le premier : joyeux foldingue qui nous gratifia, au festival de Woodstock, d'une version nitroglycérinée du *With a little help from my friends* de George Harrison. Ivre d'acide, Joe Cocker jouait sur une guitare imaginaire et faillit bien cracher ce qui lui restait de tripes sur les premiers rangs des spectateurs. Bref, il devint une légende avant même d'être une vedette.

Leon Russel, quant à lui, était voué au rôle de second couteau. Ce qu'il est encore aujourd'hui, d'ailleurs, même si son talent n'est plus à démontrer depuis longtemps. Œuvrant dans l'ombre, grand-duc du rock'n'roll, Leon Russel ne revendiqua jamais une quelconque couronne, se contentant du rôle de faiseur de rois. C'est lui qui, par exemple, fut l'âme organisatrice de la tournée de Joe Cocker, *Mad Dog and Englismen*, et offrit plus tard à Eric Clapton l'une de ses plus belles chansons : *Blues Power*.

Delaney et Bonnie Bramlett constituaient un duo comme il s'en créait beaucoup à l'époque. Leur musique oscillait entre le blues vitaminé, la country et la pop de qualité.

« *Après la tournée de Blind Faith,* explique Eric Clapton, *j'ai vécu quelque temps chez eux. C'est à cette occasion qu'ils m'ont proposé de m'aider à réaliser mon premier album solo* [1]. »

En guise d'entremets, Eric Clapton se rendit, le 27 septembre 1969, aux studios A&M de Los Angeles. Là, il enregistra *Coming home*, une aimable chanson coécrite avec Bonnie Bramlett. Une tournée fut envisagée, des chansons furent mises en œuvre. Eric Clapton venait de se trouver une nouvelle famille, ce qui ne l'empêcha pas, le 12 octobre 1969, d'aller voir ailleurs comment le blues sonnait.

*
* *

Il était à peine sept heures du soir quand le téléphone retentit dans la maison qu'Eric Clapton partageait avec Delaney et Bonnie.

– Tiens, Eric, c'est pour toi.

Eric Clapton poussa un long soupir. Croisa son reflet dans le miroir face au lit. Il avait la peau grise et chiffonnée, sa bouche était si pâteuse qu'il avait l'impression d'avoir avalé un kilo de plâtre. D'un geste las et mal assuré, il prit le combiné.

La voix qui grésillait à l'autre bout du fil ne lui était pas inconnue.

C'était celle de John Lennon.

– Eric, fais tes valises. On joue ensemble demain…

– Où ça ?

– À Toronto. Avec mon nouveau groupe : le Plastic Ono Band.

1. *Eric Clapton in his own words, op. cit.*

– Une question, comme ça, au hasard : on répète où ?

– Dans l'avion, mon vieux, dans l'avion…

– Et si je ne suis pas d'accord…

– Tu es un dégonflé ! Tout est arrangé, on a tout réservé. Le groupe est au point. Il ne nous manque plus qu'un guitariste.

– J'imagine que le guitariste, c'est moi ?…

– On ne peut rien te cacher, ricana John Lennon. Allez, vas-y ! Tes billets t'attendent à l'aéroport…

*
* *

Trois heures plus tard, dans un Boeing 727 qui survolait la forêt canadienne.

Les voyageurs somnolaient. Dans les travées, des hôtesses, belles à damner un ayatollah, distribuaient couvertures et rafraîchissements. Tout au bout de la carlingue, en partie masqués par un rideau de fumée âcre, deux hommes étaient affalés sur leurs sièges.

– John, on n'y arrivera jamais, s'exclama le premier, un barbu à la peau très blanche, aux yeux hagards…

– T'inquiète, Eric, on y arrivera bien, répondit l'autre, qui n'avait pas meilleure mine.

Son visage hâve, dont les lunettes rondes cerclées d'acier dissimulaient mal un regard passablement embrumé, était celui d'un vieux jeune homme prématurément usé par les excès.

Comme il l'avait promis à Eric Clapton, ils y arrivèrent…

86

Ayant répété, durant le temps du voyage, sur des guitares électriques qu'ils n'avaient pu brancher, John Lennon et Eric Clapton montaient, le lendemain, sur la scène du Varsity Stadium de Toronto. Les organisateurs du concert avaient pourtant frôlé l'esclandre quand, à sa descente d'avion, Eric Clapton avait exigé « *some coke* ». On lui apporta donc une caisse pleine de cette boisson gazeuse dont la renommée n'est plus à faire. Il s'énerva aussitôt, haussa le ton, jusqu'à ce qu'un grouillot de la maison de disques de l'ex-Beatle s'en aille en ville, acheter la précieuse poudre blanche et la rapporter au guitariste vedette...

Lequel s'en envoya une dose colossale dans les narines...

Nonobstant ces quelques menues péripéties, le concert *Live Peace in Toronto* se déroula moins mal qu'on aurait pu le penser. Certes, Yoko Ono, la mauvaise fée de John Lennon, s'obstinait à couiner dans le micro, tel un chat dont on aurait coincé la queue dans la porte du réfrigérateur. Ça n'empêcha pas Eric Clapton de démontrer, une fois de plus, que les gens qui l'avaient adoubé dieu avaient su faire preuve de clairvoyance. À ce propos, le solo de guitare qu'il exécuta sur la chanson *Cold Turkey* fait, aujourd'hui encore, justice de quelques aigres propos insinuant que le God Slowhand de cette fin des années soixante n'était plus que l'ombre de celui qu'il avait été au début de cette décennie mouvementée...

Cette magistrale prestation exécutée, Eric Clapton s'en retourna en studio prêter main-forte à son ex-bassiste, Rick Grech [1]. Puis, il mit sa guitare au service

---

1. Durant cette séance aux Morgan Studios de Londres, deux chansons furent enregistrées, *Exchange and Mart* et *Spending*

d'artistes aussi divers que Doris Troy, Shawn Phillips, Freddie King et... Leon Russel, pour lequel il enregistra une flamboyante version du *Sweet Home Chicago* de Robert Johnson, qui malheureusement doit toujours traîner quelque part dans quelque obscure cave, loin, là-bas, de l'autre côté de l'Atlantique...

Novembre 1969, il passait la porte des Olympic Sound Studios de Londres. Pour enregistrer son premier album, sobrement intitulé *Eric Clapton*.

Et sa joyeuse bande de copains, surfant sur une déferlante de bourbon, de débarquer dans le studio.

Il y avait la belle Rita Coolidge aux chœurs, Delaney et Bonnie Bramlett, les compères qui allaient bientôt entraîner Eric Clapton dans leur tournée, Leon Russel, venu avec sa barbe de Viking et son chapeau de prestidigitateur. Mieux, ces premières sessions permirent à Eric Clapton de rencontrer ceux qui allaient lui permettre de graver le meilleur album de sa carrière.

Carl Radle, le bassiste.

Jim Gordon, le batteur.

Bobby Whitlock, le pianiste.

En d'autres mots, les Dominos dont il allait, quelques mois plus tard, devenir le Derek...

De cette première session, une seule chanson fut conservée, *Lovin' you, Lovin' me*, composée à l'origine pour Blind Faith par Delaney Bramlett. Une fort

all my days, disponibles sur la réédition en CD de l'album *Blind Faith*. Une petite précision, toutefois : si les mentions de ce disque n'indiquent pas la présence de George Harrison, c'est pourtant lui qui est responsable, sur ces deux titres, des parties de guitare rythmique.

jolie ballade acoustique, loin, si loin du tonnerre de décibels de Cream.

Un mois plus tard, Delaney and Bonnie and Friends with Eric Clapton partait en tournée anglaise. « *À la fin de cette série de concerts, je me sentais enfin plus confiant, prêt à faire "mon" album. Maintenant que je peux voir les choses avec le recul nécessaire, je pense que cet album a surtout permis à Delaney d'en finir avec certaines de ses frustrations. Il n'est pas excessif de prétendre qu'il s'est, à l'époque, projeté sur moi. En fait, j'en étais parfaitement conscient, mais cela ne me dérangeait pas. Ça m'aidait à parfaire ma formation. Il voulait tant s'occuper de moi, gérer ma carrière... Il m'a également appris la constance et la persévérance. Delaney avait des sentiments religieux très forts, il me disait toujours : "Dieu t'a donné un don extraordinaire, si tu ne le fais pas fructifier, un jour, il te le reprendra..." J'étais effrayé par de telles paroles. Certes, Delaney m'avait donné conscience de mes responsabilités, mais ces dernières me semblaient si lourdes à porter que je ne me sentais pas le courage de les assumer* [1]. »

Paroles lourdes de sens... qu'Eric Clapton tenta pourtant de conjurer en entrant en janvier 1970 aux studios Village Recorders de Los Angeles, afin d'y graver la suite de son premier album. Il y affina ses qualités de chanteur, se frotta à la composition, et mit en veilleuse, au grand dam de ses fans, les envolées de guitare qui l'avaient rendu célèbre.

Pour autant, ce premier *opus*, même s'il était davantage l'œuvre du gang Russel et Bramlett que celle du

---

1. *Eric Clapton in his own words, op. cit.*

seul Eric Clapton, lui servit de marchepied [1]. Lui permit aussi de se rendre compte qu'il pouvait être autre chose qu'un guitariste-mercenaire de luxe, et que ses compositions, tout compte fait, valaient bien celles des autres. Mieux, cet album lui donna l'occasion de faire connaissance avec un ami proche de Delaney Bramlett, un certain J. J. Cale, dont il reprit l'*After midnight*, permettant ainsi à ce dernier de sortir de sa caravane, sise dans le désert de Tulsa, pour goûter à une tardive renommée.

Pour la petite histoire, précisons encore qu'il y eut trois mixages différents de ce disque. Le premier, le moins satisfaisant, fut assuré par un technicien de la maison de disques d'Eric Clapton ; le deuxième le fut par Delaney Bramlett, qui sua sang et eau pour que la divine guitare ait la place d'honneur.

On finit par opter pour le dernier des trois : celui du producteur Tom Dowd, sur lequel les prestations instrumentales du dieu à la main lente étaient plus en retrait. Eric Clapton se souvient : « *j'avais laissé les bandes à Los Angeles pour que Delaney puisse les mixer. Ce qu'il ne fit jamais, puisqu'il attendait que je mette la dernière main à l'une des chansons de l'album. Pour finir, ma maison de disques, qui commençait à s'énerver, a décidé de faire mixer l'album par quelqu'un d'autre. Le résultat fut si mauvais qu'on refila le bébé à Tom Dowd. Je n'ai jamais entendu la version de Delaney. Il était trop tard, l'album était déjà sorti [2].* »

---

1. Notons tout de même, sur la chanson *Let it rain*, la présence de Stephen Stills à la guitare et aux chœurs, ce qui n'est pas mentionné sur la pochette du disque.
2. *Eric Clapton in his own words, op. cit.*

Eric Clapton papillonnait. Montait un groupe, le quittait pour un autre. Refusait son statut de star, tout en continuant à louer sa guitare, non pas au plus offrant, mais au plus aimant. Ballotté par des vents antagonistes, porté par des courants contraires, il lui fallait, une fois de plus, revenir aux sources. Ce qu'il fit, en avril 1970. En entrant dans les Olympic Sound Studios de Londres.

Ce matin-là, flanqué de Stevie Winwood, le compère de Blind Faith, du Beatle Ringo Starr, des Rolling Stones Charlie Watts et Bill Wyman, il serra la main d'une légende vivante.

Dans l'Olympe de la Grèce antique, on n'osait regarder Zeus en face.

Sur la planète du blues on retirait son chapeau avant d'adresser la parole à monsieur Howlin' Wolf.

Ce matin-là, Eric Clapton n'avait pas de chapeau.

Il le retira quand même.

*
* *

– Bon, les enfants, tout le monde est prêt ? brailla Glyn Jones, l'ingénieur du son.

– *Yeeeeeah...* beugla Howlin' Wolf, un colosse noir dont la tête, aussi large que haute, semblait avoir été dessinée à l'équerre.

Stevie Winwood astiquait paisiblement son clavier, Bill Wyman caressait les cordes de sa basse, Charlie Watts couvait sa batterie d'un œil amoureux. Et Eric Clapton ?

Eric Clapton, passablement intimidé, écoutait les conseils du vieux Howlin' Wolf, le Loup hurlant.

Chester Arthur Burnett de son vrai nom, né le 10 juin 1910 à West Point, dans un coin perdu du Mississippi.

Fidèle à la tradition, Eric Clapton venait d'exécuter, à la slide, le riff d'introduction de *Little Red Rooster*, ce fameux blues de Willie Dixon, que les Rolling Stones avaient popularisé auprès du public européen en l'enregistrant dès le début des années soixante.

– Nooooon, p'tit, ça va pas. Mets tes doigts, oui, là, ici, sur le manche. Et tu me refais tout ça depuis le début. O.K. ?

Eric Clapton refit. Comme venait de lui expliquer le vieux Loup hurlant. Et l'ensemble donna l'un des plus beaux albums de blues de l'année : *The London Sessions*.

Un disque toujours présent dans les souvenirs d'Eric Clapton : « *Howlin' Wolf m'a effectivement appris à jouer correctement* Little Red Rooster. *C'était véritablement effrayant. Il est arrivé, comme ça, sans prévenir. M'a pris le poignet, l'a serré très fort en me disant : "C'est bon, tout va bien. Tu es venu avec ton groupe, j'espère…" La vérité est qu'il nous considérait comme des jeunots, des Anglais, des étrangers. Quand j'y pense aujourd'hui, je crois qu'il était aussi impressionné que nous. Alors, il s'est assis, a pris sa guitare, nous a joué les rythmiques, les solos, les parties de slide. C'était tout simplement étourdissant. Après, il nous a simplement dit : "À vous d'essayer, maintenant." Alors, nous avons tous essayé de jouer comme lui, mais ça ne marchait pas. Nous avions beau faire de notre mieux, ça ne sonnait pas comme lui. Je lui ai alors proposé de jouer avec nous. Là, ce fut magique* [1]. »

1. *Op. cit.*

Entre-temps *Eric Clapton*, son premier album solo, était enfin arrivé dans les bacs des disquaires. L'accueil fut des plus encourageants. Une nouvelle carrière s'ouvrait devant lui. Tout allait pour le mieux dans le meilleur des mondes.

Sauf un élément, peut-être : il était trop tôt pour qu'Eric Clapton embrasse son destin à bras-le-corps.

« Après la tournée avec Delaney et Bonnie, je me trouvais dans un état d'esprit particulièrement confus. Je ne savais plus vraiment ce dont j'avais envie. Bobby Whitlock s'en était allé, et vivait désormais en Angleterre. Je l'ai rejoint. Je crois qu'ensuite, tout est parti de là [1]. *»*

Dès lors, ce qui avait été autrefois la bande de Delaney et Bonnie devint celle d'Eric Clapton. Carl Radle, le bassiste, Jim Gordon, le batteur ; Bobby Whitlock, le pianiste, prirent leurs quartiers chez Slowhand, répétèrent à longueur de journée, épuisant le répertoire du blues et la cave de leur hôte.

Comme ils ne pouvaient pas non plus passer toute la sainte journée à boire du Muddy Waters et à jouer du gevrey-chambertin – à moins que ce ne soit le contraire – les quatre compères investirent les vénérables Abbey Road Studios, histoire de prêter main-forte au Beatle George Harrison, qui mitonnait un triple album en solitaire : *All things must pass*. Cette collaboration fut des plus fructueuses, et permit à l'ex-Fab Four de démontrer magistralement sa capacité à exister sans ses trois encombrants compères. Croisée des chemins ou destins parallèles, Eric Clapton et

1. *Op. cit.*

George Harrison souffraient du même manque de confiance qui les poussait à se réfugier au sein d'un groupe, tant ils répugnaient à affronter seuls le jugement du public. Ainsi, George Harrison se sentait bien avec Eric Clapton et ses nouveaux amis, Jim Gordon, Bobby Whitlock et Carl Radle. Les sessions de *All things must pass* se déroulèrent au domicile d'Eric Clapton, dans une joyeuse humeur, et donnèrent lieu à de belles agapes. En fait, l'enregistrement se passa dans une telle allégresse que Clapton en vint bientôt à se demander s'il n'allait pas jouer les prolongations avec ces trois musiciens.

« *Pour tout dire, avoue Eric Clapton, Jim, Carl, Bobby et moi, nous sommes fait la main sur l'album de George Harrison. Toute la bande habitait alors chez moi. Nous passions nos journées à jouer, à écrire des chansons et à nous défoncer. George, à qui j'avais "prêté" ce nouveau groupe, m'a proposé les services de son producteur, Phil Spector, si jamais nous voulions enregistrer quelque chose de notre côté... Ce que nous fîmes. L'un de mes amis, Tony Ashton, qui me surnommait toujours Del, nous suggéra de nous appeler Del and the Dominos. Finalement, nous avons choisi Derek and the Dominos. Un nom qui me convint parfaitement. Inconsciemment, je recherchais l'anonymat. Et puis, nous pensions que tout le monde ne tarderait pas à savoir qui se cachait derrière ce nom. Je crois, tout simplement, que nous avions envie de faire une bonne blague au public* [1] ! »

Le 18 juin 1970, Derek and the Dominos franchirent donc la porte des Abbey Road Studios, et enregistrè-

---

1. *Op. cit.*

rent leurs deux premières chansons, *Tell the truth* et *Roll it over*... Avec, à la console, l'incontournable Phil Spector. Incontournable certes, talentueux, mais à la personnalité un peu trop marquée, au son tellement identifiable, qu'Eric Clapton jugea qu'il ne convenait pas à son groupe. Il fit donc retirer ce 45 tours du commerce, et emmena sa petite bande aux studios Criteria de Miami, pour y enregistrer une autre version [1].

Une telle activité ne l'empêcha point, au passage, de louer le mois suivant ses talents de guitariste à Docteur John, pour son album *Sun Moon and the Herbs*. Docteur John, l'une des figures les plus hautes en couleur du rock américain, basé à la Nouvelle-Orléans. Docteur John, un gros bonhomme tout plein de ventre et de barbe, pianiste de génie, au mufle orné de plumes d'autruche, jouait une musique inspirée à la fois du folklore cajun, du blues et du vaudou.

Cet intermède exotique consommé, Eric Clapton battit le rappel de ses troupes, et, une nouvelle fois, posa son balluchon aux studios Criteria.

En tête, il avait une chanson. Un hymne amoureux, pour être plus précis, destiné à conquérir la dame à laquelle il avait donné son cœur.

Elle se nommait Patti Boyd Harrison.

C'était la femme de son meilleur ami.

Et comme cet amour était impossible, Eric Clapton s'inspira d'un poème du Persan Nizami, *L'Histoire de*

---

1. Ces versions sont malgré tout disponibles sur le coffret *Crossroads* (4 CD qui retracent l'ensemble de son œuvre). À les entendre, on comprend qu'Eric Clapton ait choisi un autre producteur...

Layla et Majnun, qui, lui aussi, contait une passion tout aussi douloureuse et destructrice.

Patti était sa Layla.

Pour elle, Majnun était prêt à tout.

À damner son âme, à trahir la confiance de son « frère », George Harrison.

À donner au rock'n'roll son plus beau poème. Beau parce qu'écrit d'une plume trempée dans la plus sombre des encres.

Celle du chagrin, du désespoir.

Encre qui n'était autre que les larmes d'un fol amour.

V

LE DIEU DÉCHU

*Même en tenant compte du recul néces-
saire, je suis encore très fier de Layla. Peut-
être parce que j'ai réussi à transcender un
sentiment très fort en une chanson qui l'était
tout autant. Aujourd'hui encore, quand je la
joue sur scène, elle vient me cogner droit
dans le plexus. Incroyable, non ? Pour être
franc, j'avoue avoir un peu emprunté le riff
d'introduction à Albert King. Quand j'y
pense, je crois que je devrais lui reverser des
droits d'auteur. D'ailleurs, qui vous dit que
je ne le fais pas...*

« *Vingt ans après sa sortie, il est clair que l'album*
Layla and other assorted love songs *a été une date
majeure de l'histoire du rock'n'roll... À l'époque, la vie
privée d'Eric Clapton était aussi turbulente que sa vie*

musicale : il était désespérément amoureux de la femme de son meilleur ami. *Durant les semaines ayant précédé l'enregistrement de cet album, Patti Boyd Harrison n'avait pas réellement cédé à ses avances, sans pour autant leur opposer une fin de non-recevoir définitive. En fait, elle s'était contenté de flirter avec lui, sans plus. Inconsolable, Eric Clapton s'était alors plongé dans la lecture du poète Nizami. C'est là qu'il découvrit l'histoire de Majnun et Layla, l'histoire d'un amour impossible »*, écrivait Gene Santoro, à l'occasion de la sortie du coffret *Crossroads* célébrant le vingtième anniversaire de *Layla*.

Depuis de nombreux mois, Eric Clapton poursuivait Patti Boyd Harrison d'un amour fou et désespéré, qui ne la laissait pas insensible… George Harrison, le mari en titre, ne fut guère prolixe sur le sujet, ce que l'on peut comprendre aisément. Contre toute attente, l'amitié qui le liait à Eric Clapton sortit intacte de ce chassé-croisé amoureux.

L'ancien Beatle aurait eu ce mot : « *Je préfère encore la voir avec un Yardbird alcoolique plutôt qu'avec un camé.* »

En fait, il eut les deux pour le prix d'un.

Voyons maintenant quelle fut la position de l'amant transi.

« *George est un frère pour moi. Peut-être parce que je n'avais pas de famille, j'ai toujours considéré qu'il en faisait partie. C'est très rare de conserver un ami aussi longtemps dans ce métier. Mais, après tout ce que nous avons vécu ensemble, y compris cette femme que nous avons tous deux épousée, et qui reste aujourd'hui notre amie, le lien apparaît indéfectible* [1]. »

1. *Libération,* 27 décembre 1991.

*
* *

L'homme qui venait d'entrer dans les studios Criteria avait tout d'un fils de guerrier normand. D'imposante carrure, il arborait une paire de moustaches blondes aussi épaisses qu'un balai-brosse.

Cette grosse bête blonde, maître de la guitare slide, se nommait Duane Allman. Avec son frère Greg, il présidait aux destinées de l'Allman Brothers Band. La veille au soir, Eric Clapton était venu le voir sur scène. Et lui avait ensuite proposé, en toute courtoisie, de venir jouer avec lui en studio.

Le courant passa si bien entre les deux hommes qu'ils ne tardèrent pas à devenir les meilleurs amis du monde.

Duane Allman ne se trouvait pas dépaysé dans la folle ambiance des studios Criteria : « *Avec Eric, nous avons beaucoup joué en acoustique. Nous nous accordions fort bien ensemble et faisions figure de Laurel et Hardy du blues* [1]. »

« *La seule personne que je puisse considérer comme une personnalité majeure de la slide est Duane Allman*, admet Eric Clapton. *Il pouvait jouer du dobro de toutes les façons possibles, même si la meilleure demeurait encore la sienne ! Il avait, sur cet instrument, une liberté et une capacité d'expression toutes nouvelles pour moi. J'en ai réellement pris conscience*

1. *Eric Clapton, the new visual documentary, op. cit.*

quand nous avons joué ensemble pour l'album Layla [1]. »

Le 29 octobre 1971, Duane Allman trouvait la mort dans un accident de moto à Macon, en Géorgie. Son groupe, les Allman Brothers Band, décida de ne pas le remplacer...

Layla and other assorted love songs, chant d'amour, devint chant funèbre... Un an auparavant, Jimi Hendrix, un autre des proches amis d'Eric Clapton, avait été fauché en pleine gloire ; c'était maintenant l'heure de Duane Allman. Autour du dieu à la main lente, les rangs commençaient à se clairsemer. La mort, l'alcool, la poudre blanche traçaient leur chemin, réclamant chaque fois un lourd tribut.

Ce chemin, Eric Clapton le prit à son tour.

Pourtant, *Layla and other assorted love songs* demeure, aujourd'hui encore, un album rare, exceptionnel. De par la présence de Duane Allman, bien sûr, mais aussi parce qu'Eric Clapton y démontrait qu'il était désormais un compositeur de premier plan. Languissant, avec *I looked away*, déchirant avec *Why*

---

1. *Eric Clapton in his own words, op. cit.* En effet, à l'époque de cette rencontre, il était devenu courant et de bon ton pour de nombreuses vedettes du rock et de la soul (Aretha Franklin, King Curtis, John Hammond, Clarence Carter, Wilson Pickett, etc.) d'inviter Duane Allman à leurs séances d'enregistrement. Fort d'une extraordinaire technique du *bottleneck* – littéralement « goulot de bouteille », en fait, simple cylindre de verre ou de métal ; on l'utilise dans le jeu en slide, glissé le long des cordes, à la manière hawaiienne – Duane Allman apportait à ces artistes une touche « bluesy », des ornementations et des réponses musicales débordantes de feeling... des sonorités uniques au monde.

does love got to be so sad [1], sentimental avec *I'm yours,* superbe ballade dédiée à la jolie madame Harrison. Le blues, on pouvait s'y attendre, se tailla la part du lion. Hommages rendus aux grands ancêtres : *Key to the highway* de Big Bill Broonzy et *Nobody knows you when you're down and out* de Jimmy Cox, mais également compositions originales, dont la plus fameuse reste *Bell Bottom Blues*, primesautier comme un matin de mai, triste comme un soir de décembre. Ce disque devait-il être celui qui lui permettrait d'exorciser tous ses démons intérieurs ? Probable, puisqu'il osa enfin se frotter à l'ombre, de plus en plus envahissante, de Jimi Hendrix en enregistrant sa propre version de *Little Wing.*

Et puis, surtout, il y eut *Layla.* « La » chanson.

« *Celle qu'il avait composée pour moi, rien que pour moi* », se souvient Patti, la larme à l'œil, le sourire attendri. Pour être tout à fait honnête, ses premières réactions avaient été moins énamourées, comme l'explique Eric Clapton : « *Pour moi, cette chanson était primordiale, tant sa charge émotionnelle était forte. J'étais si amoureux d'elle que j'en avais perdu tout sens commun. Quand l'album est sorti, j'ai compris qu'elle n'en avait strictement rien à foutre* [2]. »

Layla, avec sa magistrale introduction, ses chorus de guitare étincelants, son break emmenant ensuite les arpèges du pianiste Bobby Whitlock, tout d'abord langoureux, paroxystiques au final.

1. « Pourquoi l'amour doit-il forcément être si triste. » Inutile de s'appesantir sur la signification d'un tel intitulé…
2. *Eric Clapton, the complete recording sessions.*

Layla, cette chanson qui ne connut jamais les honneurs d'une sortie en 45 tours, et qu'Eric Clapton refusa pudiquement de jouer sur scène, du temps des triomphales tournées de Derek and the Dominos.

L'album était-il trop personnel pour gagner les faveurs du public ? Toujours est-il qu'il se solda par un cuisant échec commercial, avant de devenir le disque culte que l'on sait.

« *La vérité, c'est qu'on a mis au moins deux ans avant que la maison de disques ne rentre dans ses frais,* rappelle Eric Clapton. *Maintenant, chaque année qui passe, nous en vendons davantage. Même en Angleterre,* Layla *a été un véritable bide. Peut-être ai-je eu tort de refuser que mon nom figure en bonne place sur la pochette* [1]. »

*
* *

New York, le Fillmore East, le 23 octobre 1970.

Les sessions de *Layla and other assorted love songs* venaient tout juste de prendre fin, quelques semaines auparavant.

Dans la salle, la tension était à son comble. Sur nombre de poitrines, fleurissait le macaron « *Derek is Eric* », histoire de rappeler que si le dieu à la main lente recherchait l'anonymat, ses fans ne l'entendaient peut-être pas de la même oreille. Anthony de Curtis, auteur du livret du récent album, *Derek and the Dominos, live at*

1. *Op. cit.*

the Fillmore [1], donne les précisions suivantes : « *Eric Clapton refusait d'assumer le statut de star conquis du temps de Cream et de Blind Faith. Il ne voulait plus entendre parler du "dieu" Clapton, mais du "guitariste" Clapton. Pourtant, par rapport à ses collaborations passées, il avait pris, au sein de Derek and the Dominos, une position de leader qu'il n'avait jamais eue auparavant. Ce qui ne l'empêchait pas, peu confiant en ses capacités de chanteur, de se faire doubler par Bobby Whitlock dans les parties vocales. "La fin des Dominos est venue trop tôt" aurait-il dit... Ce disque a au moins permis d'immortaliser toute l'intensité de ces deux concerts, et de voir comment un homme a su projeter sur scène les fantômes et les ombres de sa vie privée.* »

Après une heure d'attente, alors que l'assistance était au bord de la surchauffe, le groupe monta enfin sur scène, et commença à se faire la main, treize minutes durant, sur *Got to get better in a little while*. Par rapport aux explorations musicales de Cream, ce nouveau groupe faisait la part belle aux mélodies et à une construction des morceaux nettement plus « traditionnelle ». Bien sûr, au grand bonheur des spectateurs, Eric Clapton continuait à faire feu de tout bois sur sa Fender Stratocaster [2], en tirait

1. Il ne s'agit ni plus ni moins que d'une version améliorée de *Derek and the Dominos in Concert*.
2. Après avoir souvent hésité entre divers modèles de guitares, ayant tâté de la Gibson SG et être ensuite revenu à la Gibson Les Paul, il trouva un instrument à sa main : une Fender Stratocaster noire, surnommée Blackie, qui n'allait pratiquement plus jamais le quitter. Il y fut d'ailleurs si fidèle que Fender se décida, il y a quelques années, à en sortir une série spéciale, la Signature, modèle E. C.

des sons déchirants, maniant la pédale wah-wah comme seul Jimi Hendrix aurait osé le faire. Sa voix était bien posée, quoique parfois hésitante. Il est vrai qu'avec un brin de recul, on peut parier sans grand risque que les quatre Dominos avaient avalé un plein camion-citerne de whisky avant de monter sur scène. Après cette première envolée, Eric Clapton ciselait l'ouverture de *Key to the highway*.

La salle était littéralement envoûtée.

Leur prestation du lendemain fut encore plus majestueuse.

D'une voix brisée, Eric Clapton devait y exécuter un *Nobody knows you when you're down and out* jamais égalé à ce jour.

Eric Clapton ne voulait plus être « dieu ».

Ce soir-là, pourtant, il fut célébré comme tel.

Son jeu de guitare n'avait jamais été aussi subtil, sans rien perdre de sa puissance.

Il était parvenu au sommet. Haut, si haut... qu'il ne lui restait désormais plus qu'à chuter...

*
* *

C'est en 1967, travaillant sur la pochette de l'album *Disraeli Gears*, l'un des plus beaux *opus* de Cream, qu'Eric Clapton avait pris de l'acide pour la première fois de sa vie.

Au vu du dessin choisi pour illustrer ce 33 tours, on le croit sans peine !

Les acides, ces petites pilules en vogue dans ce Londres de la fin des années soixante, qui emmenaient vers des voyages aux destinations inconnues, dont les retours étaient encore plus aléatoires... « *Je me souviens d'un de mes plus mauvais trips. J'étais persuadé que j'allais mourir. Le pire est que cela ne m'inquiétait pas vraiment. Je me disais juste : "C'est bon, je vais mourir. Et alors, ça ne fait rien !" J'étais chez des amis. Je suis entré dans une chambre, et je me suis écroulé sur le lit. J'attendais la mort. Je me rappelle que des gens venaient me voir, me demandaient si j'allais bien. Je leur répondais : "Oui, très bien, je suis en train de mourir." Le pire, avec le LSD, c'est qu'il peut vous emmener dans des lieux effrayants dont il arrive qu'on ne puisse plus revenir* [1]. »

Des acides, Eric Clapton passa à la cocaïne et à l'héroïne, lors des sessions d'enregistrement de *Layla and other assorted love songs*. Paradoxalement, c'est une époque où le groupe vivait au grand air, menait une vie sportive. Saunas, piscine tout au long de la journée, ce n'est que le soir, une fois entrés en studio, que les choses commençaient à se gâter.

« *Il faut, malgré tout, reconnaître qu'au début, ça n'affectait pas notre travail. Mais, avec la drogue,* explique-t-il, *c'est toujours pareil. On se croit plus malin que la poudre, mais c'est elle qui finit par vous rattraper. Au moment de partir en tournée, notre consommation était telle que je me demande, encore aujourd'hui, comment nous avons fait pour tous rester en vie. Maintenant, j'en prendrais ne serait-ce que le centième, je mourrais sur-le-champ. Le simple fait d'y penser suffit à me glacer d'effroi... Le pire, c'est que cette drogue, qui détruisait nos âmes et nos corps, a*

---

1. *Eric Clapton in his own words, op. cit.*

également ruiné nos relations, pour commencer, notre groupe, pour finir. Quand nous avons envisagé de commencer un second album, c'en était arrivé à un tel point que nous étions incapables de communiquer entre nous [1]. »

Cela faisait déjà plusieurs minutes que Jim Gordon, le batteur, martelait ses caisses, l'œil vide et terne, la joue creuse et la peau tirée. Dans son coin, Carl Radle jouait une vague ligne de basse sur son instrument, tandis que Bobby Whitlock parcourait distraitement son clavier. Encore plus à l'écart, Eric Clapton tentait de se concentrer sur son manche.

Il avait la mine fermée, le regard noir.

Soudain, Jim Gordon abandonna ses fûts pour cracher au visage du guitariste :

– Si ce que je joue ne te plaît pas, tu peux toujours aller chercher un autre batteur !

– Mais, quoi ? Je n'ai rien dit ! s'étonna Eric Clapton.

– Tu crois peut-être que je ne t'ai pas entendu ?

– Jim, je te jure que...

Il n'eut pas le temps de finir sa phrase, Jim Gordon venait de se lever. Ayant empoigné sa veste d'une main fébrile, il claqua la porte du studio.

Cet incident signa l'arrêt de mort de Derek and the Dominos [2]...

1. *Op. cit.*
2. De ces dernières sessions, seules cinq chansons, *Evil, Snake Lake Blues, Mean old Frisco, Got to get better in a little while* et *One more chance*, ont fini par voir le jour. On peut les écouter dans le coffret *Crossroads*.

De dépit, Eric Clapton jeta sa guitare au sol. Il avait froid, ses articulations lui faisaient mal, très mal. Pour la dixième fois en moins d'un quart d'heure, il mit la main dans la poche de son blouson. Là, il sentit, rassurant, le petit étui de cuir où l'attendait son matériel. Les sachets, la seringue, le garrot...

Plus que quelques instants, et il pourrait enfin soulager la lancinante douleur qui irradiait son corps. À son tour, il quitta le studio, sans même accorder un regard aux deux autres membres du groupe.

C'était à la fin du mois de mai 1971, aux Olympic Sound Studios, à Londres.

Eric Clapton ne devait plus jamais revoir Jim Gordon.

Entendre parler de lui, tout au plus, le jour où il apprit que l'ancien batteur de Derek and the Dominos allait passer le reste de sa vie en hôpital psychiatrique. Parce qu'un jour, pris d'un accès de folie meurtrière, il avait tenté d'assassiner sa mère à coups de hache...

Dès lors, la vie du dieu à la main lente ne fut plus qu'une interminable glissade vers la déchéance. Il se droguait chaque jour d'avantage, ce qui ne l'empêchait pas de boire encore plus que d'habitude.

C'est à cette époque qu'il perdit Jack Clapp, son grand-père. Son « père », en fait, qui remplaçait celui qu'il n'avait jamais eu...

En 1987, répondant aux questions de la BBC, Eric Clapton évoquait sa mémoire en ces termes : « *Mon grand-père était maître plâtrier, maître charpentier. C'était un homme de métier, un artisan magnifique, humble et digne, un modèle. Je crois que sa mort a contribué à accélérer ma descente aux enfers.* »

107

L'être humain est ainsi fait que ses ressources sont infinies. S'il est de notoriété publique que, de 1970 à 1973, Eric Clapton, junkie devant l'éternel, n'était plus qu'une épave, une loque, il n'en resta pas pour autant inactif. Qu'on en juge :

En octobre 1970, il enregistra, en compagnie de Junior Wells, Buddy Guy, de Docteur John et du J. Geils Band, un sublime album, *Play the blues*.

Quelques jours plus tard, il jouait sur *Dixie Fried*, un disque du bluesman James Luther Dickinson.

En décembre de la même année, il rejoignait les Rolling Stones en studio et interprétait une magistrale version de *Brown Sugar*, restée inédite.

Janvier 1971, il retournait en studio avec George Harrison pour exécuter les parties de guitare du premier album solo de Bobby Whitlock.

Le dernier accord plaqué, il galopait dans un autre studio, prêter main-forte à John Mayall. Il y retrouva Mick Taylor qui venait de se faire renvoyer des Rolling Stones. Mais, dévoré par l'alcool et les drogues, Eric Clapton était à bout de forces. Il suffit pour s'en persuader de se pencher à nouveau sur ses ultimes collaborations avec John Mayall, *Back to the eighties* et *Archives to the eighties*. Son jeu avait perdu de sa flamboyance, semblait désincarné ; ce qui lui restait de technique peinait à masquer un flagrant manque d'inspiration.

Dieu n'était plus que l'ombre de lui-même.

Mais le pire restait encore à venir...

*
* *

BIBLIOTHÈQUE
ST-NORBERT

1. La dernière apparition télévisée d'Eric Clapton avec les Yardbirds. Ils y interprètent *For your Love*, leur premier véritable succès, qui poussa Slowhand à quitter le groupe. Trop commercial, et pas assez blues à son goût.

2. Un document historique : le 31 juillet 1966, Eric Clapton, Jack Bruce et Ginger Baker se produisent au 6th National Jazz & Blues de Windsor. Cream est alors un groupe si nouveau qu'ils n'ont même pas eu le temps de se trouver un nom. On note au passage la présence des Small Faces, des Who et des... Yardbirds.

3. Le 10 mai 1696, le *Melody Maker* annonce la formation de Blind Faith, le nouveau « super groupe » d'Eric Clapton. Un document qui nous apprend que Jimi Hendrix vient d'être impliqué dans une affaire d'héroïne... Il ne lui reste malheureusement plus guère de temps à vivre.

4. Une parcelle de légende... la feuille de *Layla*, chanson composée pour l'amour de Patti Harrison. L'un des titres culte d'Eric Clapton.

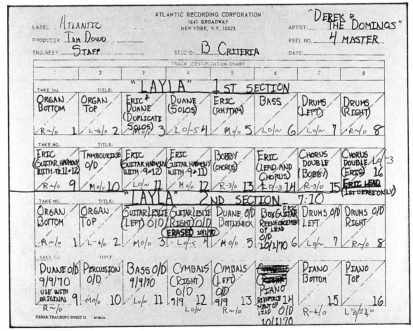

5. Un ticket qui équivaut à un retour vers le futur. Enfin sauvé de la drogue, Eric Clapton fête son retour chez les vivants, le 13 janvier 1973. En compagnie de Stevie Winwood, de Pete Townshend et de Ron Wood.

6. *E. C. Was here*, superbe album en public, sorti en août 1975, marque le retour d'Eric Clapton sur le devant de la scène. Et donne lieu à cette publicité un rien ironique...

8. La consécration avec la sortie du coffret *Crossroads*, rétrospective d'une carrière et d'une vie. L'illustration est signée de Ron Wood, l'ami fidèle des mauvais jours.

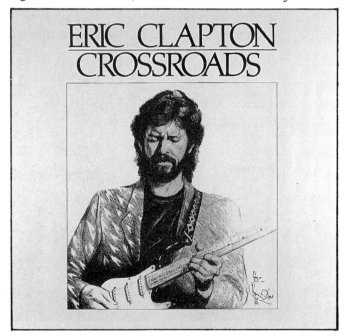

9. L'émission *Unplugged*, sur MTV, qui officialise ses retrouvailles avec le blues. Et Pete Townshend, toujours caustique, qui explique dans *Rock & Folk* de février 1994 : « Pour une fois qu'Eric a un vrai succès commercial et qu'il vend des millions d'albums, il est obligé par contrat de reverser 50 % de ses royalties à MTV ! »

10. « Ma relation à Blackie, ma guitare, est si intense que je ressens une douleur presque physique si un autre musicien en joue mal. » *Guitar World*, juillet 1993.

11. « Plus j'emploie de gens, plus mes responsabilités augmentent. Je dois quasiment travailler juste pour nourrir ces gens, faire des concerts parce que toute une équipe dépend de moi. Je gagne de l'argent, c'est vrai. J'aime en gagner parce que j'aime en dépenser. En fait, j'ai appris – à la dure – que si l'on attend de l'argent qu'il apporte l'aide, la sécurité et l'amour, on n'arrive à aucun des trois. En fin de compte, même si l'addition est salée, j'ai fini par comprendre que c'est la musique qui me donne les plus grandes joies dans la vie. » *Guitar World*, juillet 1993.

12. « Depuis l'époque des Yardbirds, j'ai toujours été un fanatique des beaux vêtements. Je me souviens quand j'achetais des disques de jazz... La façon dont ces mecs étaient habillés. Fabuleux ! Je crois que c'est ça qui m'a poussé à faire de la musique. Bien plus que la musique elle-même. » *Eric Clapton and his Own Words.*

13. « Un jour où Cindy Lauper m'avait demandé de faire une session, elle voulait que je joue exactement comme sur *White Room*. Et la musique que je joue maintenant alors ? J'étais plutôt vexé... Mais ce genre d'expériences est toujours bon pour mon ego, parce que je dois m'écraser un peu, et me dire que je ne suis plus qu'un musicien à qui on demande de faire son travail, que ce soit pour une session ou pour composer une musique de film. » *Guitar World*, juillet 1993.

14. Pour *From the Cradlle*, son dernier album, Eric Clapton fit une infidélité à Blackie, renouant avec les Gibson de ses débuts.

15. « J'ai toujours pensé qu'un *guitar-hero* se devait de dispenser de la sagesse. C'est peut-être pourquoi je suis encore en vie après tant d'années. Je continue à jouer de la guitare pour atteindre une certaine forme de perfection, et de ... sagesse. »

16. De l'album fondateur à celui qui ferme la boucle... On avait si longtemps accusé Eric Clapton d'avoir renié le blues. De s'être vendu, d'avoir trahi. *From the Craddle* apporte le plus éclatant des démentis. Slowhand est désormais libre...

 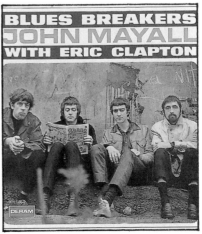

Août 1971, New York, au Madison Square Garden.

La Terre entière avait les yeux tournés vers le Bangladesh, ancienne province septentrionale de l'Inde, rattachée au Pakistan, et qui venait de faire sécession, au prix d'une guerre civile et d'une terrible famine.

George Harrison, sensibilisé plus que tout autre à ce conflit, de par son intérêt pour l'Inde, avait décidé d'organiser un concert dont les recettes permettraient de venir en aide aux Bangladais. Vingt-quatre ans avant le fameux concert Live-Aid, il avait jeté les bases du « charity-business »...

Pour ce faire, il avait rameuté le ban et l'arrière-ban des vieux amis. Le trio de Ravi Shankar, Ringo Starr, autre ancien Beatle, Leon Russel, Billy Preston, Carl Radle, Bob Dylan et, évidemment... Eric Clapton. Un Eric Clapton que la foule, médusée, eut quelque peine à reconnaître : le cheveu long et filasse, la peau livide, le visage bouffi. La foule qui l'applaudit à tout rompre était-elle consciente de ne saluer qu'une ombre ? Après s'être fendu d'un chiche solo de guitare sur *While my guitar gently weeps*, mécanique, convenu, pathétique, Clapton fit trois p'tits tours sur les planches, et s'en alla.

Seul.

On ne le revit qu'en octobre 1972 aux Air Studios de Londres, où il enregistra une chanson avec Stevie Wonder : *I'm free*. La chanson ne vit jamais le jour. Était-elle publiable ou non ? Nul ne le sait. « *Nous nous portions une admiration mutuelle*, expliqua, à l'époque, le célèbre pianiste à la presse américaine. *J'admirais réellement ce qu'il faisait.* »

Ce qu'il faisait...

L'emploi du passé était-il voulu ?

Lentement, sûrement, Eric Clapton était en train de se tuer à coups de seringues. Il avait abandonné sa guitare, et passait ses journées, allongé sur son lit, se contentant d'ouvrir les yeux entre deux shoots et d'attendre que la mort veuille bien venir le délivrer.

Un jour de décembre 1972 où il s'était levé encore plus mal que d'habitude, il se rendit soudain compte que ses jambes ne le portaient plus. S'étant péniblement traîné jusqu'à l'évier de la cuisine, il trouva encore la force de vomir quelques restes de bile. Il parvint enfin à se remettre debout. Titubant, il se dirigea vers la salle de bains, appréhendant l'image qu'allait lui renvoyer le miroir.

Ils étaient si lointains, les jours de Floride... Quand, au sortir de la piscine des studios Criteria, bronzé et en pleine forme, il s'injectait son poison en toute tranquillité. La drogue était pour lui un moteur, tout du moins le croyait-il. Aujourd'hui, elle était devenue pire qu'un frein. Elle le faisait mourir à petit feu, comme elle l'avait fait avec Jimi Hendrix, Janis Joplin, Jim Morrison, tant d'autres.

Eric Clapton en était parfaitement conscient et, fataliste, en acceptait le sinistre augure.

Bien sûr, il aurait pu essayer de redevenir ce qu'il était avant : un simple alcoolique. Il savait qu'il était trop tard. Il eut un regard pour sa Fender Stratocaster, abandonnée à même le sol. Il avait dû se séparer de presque toutes ses autres guitares pour se procurer la maudite poudre blanche.

Cela faisait plusieurs jours qu'il n'y avait pas touché. Il n'y toucherait plus jamais, d'ailleurs.

À quoi bon ?

110

A-t-on déjà vu un mort jouer de la guitare ?

Le téléphone sonna

Son carillon aigrelet lui vrilla les oreilles, lui perça le crâne. Il hésita un moment avant d'aller répondre. Incapable de parler, d'aligner trois mots cohérents, il craignait d'affronter son interlocuteur ; d'offrir, ne serait-ce que par combiné interposé, le spectacle de sa déchéance. C'est ça, il ne fallait pas répondre... se recoucher après s'être fait un autre shoot. Un gros, celui-là, un énorme, à décorner un auroch, un shoot qui ferait taire, définitivement, tous les téléphones de la Terre.

La sonnerie persistait.

Sa décision était prise : il ne décrocherait pas.

Il avisa, posé sur la table basse du salon, son petit matériel de mort. Une chance, il n'avait pas tout consommé la veille au soir. Il restait là de quoi se confectionner un shoot... un shoot... l'ultime shoot. Dans la semi-pénombre du petit matin, la poudre blanche semblait étinceler de mille feux. Belle, si belle, si tentante, qu'il la sentait déjà couler dans ses veines, lui apporter un repos souverain. Monter dans son cerveau, ensuite, pour finir par exploser en une gerbe multicolore.

Et le téléphone qui n'en finissait plus de sonner...

Une nouvelle fois, il regarda les petits sachets, épars sur l'acajou du meuble, puis, se tourna vers sa Fender Stratocaster, témoin dérisoire d'un passé évaporé.

Qui pouvait bien l'appeler à une heure pareille ?

Pas un ami... Les junkies n'ont pas d'amis, hors la poudre blanche.

Un dealer... Ça, c'était un ami, un vrai. Qui vous dit toujours que tout va bien. Qui vend de l'oubli contre une poignée de billets froissés.

111

Eric Clapton regarda encore sa guitare.

Était-ce une impression, mais, l'espace d'un instant, il fut persuadé que la sonnerie du téléphone augmentait de volume, et que venait s'y superposer, lointaine et étouffée, la voix de Delaney Bramlett... « *Tu as reçu un don, si tu ne le fais pas fructifier, un jour Dieu te le reprendra...* »

D'une main lasse, il décrocha le combiné.

— Ah ben, tout de même ! Tu as mis le temps !

— Qui c'est ?

— Pete Townshend ! Tu ne reconnais plus ma voix maintenant ?

— Si, si... bredouilla Eric Clapton. Tu m'excuses, je te laisse, j'ai des choses à faire...

— Arrête, Eric, je sais bien ce que tu as à faire ! Tu vas encore aller te défoncer. Eh bien, non ! mon vieux, c'est terminé, maintenant ! Tu vas me faire le plaisir de te remettre à la guitare, j'ai réservé le Rainbow Theater pour toi. Oui, oui, c'est ça, rien que pour toi !

— Pardon ? Je t'ai déjà dit que...

— Je sais ce que tu m'as dit, s'énerva le pétulant leader des Who, mais autant te prévenir que je n'en ai strictement rien à foutre ! Tu vas te remettre au boulot, et tout de suite. Tu sais que ça m'a coûté une fortune de réserver cette salle ?

— Ah bon...

— Merde, Eric ! Tu joues de la guitare comme personne n'en jouera jamais. Que ça te fasse plaisir ou non, tu es God Slowhand, le dieu à la main lente. Les dieux ne meurent jamais, Eric...

— Si tu avais lu Nietzsche, tu saurais que si...

— Je n'ai pas lu Nietzsche, je m'en porte très bien, et je l'emmerde. Comme je t'emmerde dans la foulée, si jamais tu me fais faux bond, s'époumona Pete Townshend.

— Excuse-moi, c'est chic de t'occuper de moi, mais tu sais, je ne suis plus bon à rien désormais. Mes mains tremblent, je n'arrive plus à jouer. Pete, tu comprends ça ? Je n'arrive plus à jouer ! Alors, ne me fais pas chier avec tes conneries de « God » et de « Slowhand » !

— Si tu prenais un peu moins de saloperies, tu arriverais à jouer, bougre de con ! Et moi, si j'avais le centième de ton talent, je m'arracherais les doigts sur mon manche au lieu de me détruire à longueur de journée ! Eric, tu ne peux pas me faire ça ! La salle est réservée, le groupe est au complet...

— Quel groupe ?

— Tes amis, tes vrais amis, pas ces pourritures de dealers qui te pompent ton fric ! J'ai mis Ron Wood [1] sur le coup, sans compter Rick Grech et Stevie Winwood, les anciens de Blind Faith !

— C'est vraiment gentil, Pete, souffla Eric Clapton. Mais je refuse. Je ne sais plus jouer, je ne veux pas être ridicule...

— Putain d'enculé de connard ! C'est en refusant de te conduire comme un homme que tu es ridicule. Eric, si jamais tu me plantes sur ce coup-là, je jure sur la tête de Robert Johnson que j'arrive chez toi dans moins d'un quart d'heure et que je te tue...

---

1. Né le 1er juin 1947, à Hillington dans le Middlesex, Ron Wood fut l'un des membres des Faces, puis du Jeff Beck Group, avant de rejoindre les Rolling Stones en 1975. Grand ami d'Eric Clapton et peintre à ses heures, c'est lui qui signa la pochette du coffret *Crossroads*.

« *Tu as reçu un don, si tu ne le fais pas fructifier, un jour Dieu te le reprendra...* » souffla la voix de Delaney Bramlett.

Eric Clapton regarda sa Fender, sa Blackie, une des seules qu'il n'avait pu se résoudre à brader pour s'acheter de la poudre. Une Blackie misérable, sale, négligée. Elle l'avait pourtant bien servi, Blackie, du temps où, avant d'être un junkie, Eric Clapton était le dieu de la six cordes. Il inspira profondément. L'air qui emplissait ses poumons dissipait-il les miasmes qui s'y nichaient ? Il n'aurait pu l'affirmer. Il pensait que oui, et ça lui suffisait amplement.

Eric Clapton contempla la table basse où étaient déposés les sachets. D'un coup de pied, il l'envoya dinguer à l'autre bout de la pièce. Ses bras le démangeaient. Il se les gratta jusqu'au sang.

Soudain très calme, il empoigna le combiné :

— Pete, souffla-t-il, je crois que je suis en train de faire la connerie de ma vie, mais je vais remonter sur scène. Parce que tu me le demandes et que je ne veux pas te décevoir. Parce que Ron Wood, Rick Grech et Stevie Winwood sont des frères et que je dois être à la hauteur de l'amitié dont ils m'honorent. Je te préviens aussi que je ferais de mon mieux et que ça ne suffira probablement pas. J'espère seulement que mes mains ne trembleront pas plus que de raison... Tu sais quoi, Pete ?

— Non, bougre de con...

— Tu avais raison, les dieux ne meurent jamais, Pete...

Le soir même, Eric Clapton offrait un nouveau jeu de cordes à Blackie et entrait en cure de désintoxication.

Le 13 janvier 1973, Londres, Rainbow Theater.

La nouvelle avait couru dans la capitale de la vieille Angleterre. Le vieux Slowhand était de retour. Celui que, mille fois, on avait donné pour mort, s'obstinait à renaître.

Terriblement amaigri, la figure aussi pâle qu'un linge mal essoré, Clapton se tourna vers Townshend :

– Pete, j'ai présumé de mes forces. Je n'y arriverai jamais… Je veux rentrer chez moi.

Townshend n'était pas homme à plaisanter, la chose était connue. Quelques années auparavant, lorsque le leader révolutionnaire Abbie Hoffman avait jugé opportun d'interrompre l'un de ses concerts pour haranguer la foule et lui demander de pétitionner pour la libération de John Sinclair, autre figure de proue de la gauche radicale américaine de la fin des années soixante, le patron des Who lui avait tout bonnement fracassé sa guitare sur le crâne…

D'un regard qui en disait long sur son caractère affable, Pete Townshend mit fin aux atermoiements de son ami et l'invita à entrer sur scène.

Lorsqu'il arriva face à la fosse, il tomba en arrêt devant une salle bondée. Et enthousiaste.

Le dieu à la main lente flottait dans un costume blanc. Il avait du mal à tenir debout. À leur tour, Ron Wood, Rick Grech, Stevie Winwood et le reste du groupe entrèrent sur scène. Il chercha immédiatement leurs regards, n'y lut rien d'autre qu'un sincère encouragement. Ron Wood, connu pour être le plus grand dépendeur d'andouilles qu'ait jamais connu le petit monde du rock'n'roll, vint lui souffler quelques mots à l'oreille.

Eric Clapton l'écouta avec attention. Sourit.

Il se sentait mieux.

La foule était là, extatique, hurlante, prête à se donner. L'espace d'un instant, il appréhenda de l'affronter, craignant de ne pas être à la hauteur de ce qu'elle attendait de lui.

Pete Townshend lui fit signe d'y aller...

Alors, nimbé de lumière, tenant fermement Blackie entre ses mains, Eric Clapton ferma les yeux et joua le riff d'introduction de *Layla*...

Layla, c'est-à-dire Patti, Patti qui l'avait vu sombrer sans pouvoir rien faire pour le retenir. Cette première chanson était pour elle, elle signifiait que le vieux Slowhand était de retour. À la fin, il sut que c'était gagné, à en juger par les vivats et les cris de l'assistance.

Dieu était fatigué. Mais toujours vivant.

Le concert fut un véritable triomphe.

Celui du lendemain le fut plus encore.

Bien sûr, on l'avait connu en meilleure forme. La voix était essoufflée, chevrotante par endroits, le jeu de guitare parfois incertain, mais la magie, ce qu'il en restait, opérait toujours.

Ne restait plus qu'un dernier problème : la dépendance à l'héroïne.

Il lui fallut un an pour s'en défaire.

Un an durant lequel il fut pris en main par le docteur Meg Patterson qui, inlassablement, jour après jour, grâce à l'électo-acupuncture, parvint à lui rendre sa dignité. Ainsi, au prix d'une volonté de fer, que lui-même ne soupçonnait pas, Eric Clapton arrêta de se droguer. Le prix à payer fut des plus lourds. Des nuits entières à ne pas dormir, à hurler pour que cesse la douleur... Puis, une sensation de malaise persistant durant des jours et des jours, des sueurs froides, des accès de mauvaise humeur, suivis de longs moments de mutisme. Des jours et des jours à repousser les cauchemars, les démons intérieurs, à réapprendre à vivre.

Puis, finalement, un petit matin de janvier 1974, il se réveilla enfin sans vomir. Pour la première fois depuis longtemps, il avait trouvé le sommeil, se sentait étrangement bien...

Il était guéri.

Ce matin-là, le téléphone sonna.

C'était Pete Townshend.

— Eric, tout est prêt, on commence le tournage bientôt !

— Le tournage de quoi ?

— Celui de *Tommy*, avec Ken Russel. Tu sais, mon opéra rock ? *Tommy*... on va en faire un film. Il y a un rôle pour toi. Blackie va enfin pouvoir reprendre du service !

Deux mois plus tard, Eric Clapton gravait deux chansons, *Eyesight to the blind* et *Sally Simpson*. Son jeu de guitare avait retrouvé sa pureté originelle.

Il pouvait enfin chanter, se tenir debout.

De retour parmi les vivants, il lui fallait maintenant démontrer qu'on n'en avait pas encore fini avec lui.

Il se jeta donc à corps perdu dans le travail et commença à penser à son nouvel album, celui qui allait signer l'arrêt de mort de son ancienne vie...

Longtemps après, répondant aux questions de la BBC, Rose Clapp, sa grand-mère, expliquait : « *Un jour, j'ai vu Eric arriver à la maison. Tel le petit garçon qu'il n'avait jamais cessé d'être pour moi. Il avoua s'être battu. Ça se voyait d'ailleurs, à ses vêtements déchirés, à son visage en sang. Après être tombé dans mes bras, il se lamenta. "Chaque fois que je me bagarre, je perds toujours…" Je lui ai répondu que non. Que ces rixes de bars étaient sans importance, parce que la plus grande bataille qu'il avait menée, celle qu'il livra contre la drogue, il avait fini par la gagner. J'avais tellement prié Dieu pour qu'il s'en sorte. Aujourd'hui, je continue de le prier pour le remercier de m'avoir gardé Eric en vie.* »

VI

SURVIVRE

*Quand je suis sorti de cet état de pro-
fonde torpeur, j'ai compris que j'avais
perdu trop de temps, que je n'avais rien
fait de ma vie. Ou alors, si peu de choses.*

Évoquant ces sombres années, Eric Clapton expliquait en septembre 1994 : « *J'avais beaucoup travaillé, je voulais me retirer. Je n'avais plus l'enthousiasme indispensable. Mon jeu de guitare passait au
second plan, j'en avais assez de la "Légende", je voulais être autre chose, sans savoir quoi* [1]. »

Un état d'esprit qu'il résuma ensuite en ces quelques
mots : « *J'étais surtout heureux d'avoir survécu* [2] *!* »

1. *Guitarist Magazine.*
2. *Eric Clapton in his own words, op. cit.*

Connaissant son passé, on le croit sans peine. Persuadé que seul le travail était susceptible de le sauver, il pensa à reformer Derek and the Dominos. Une idée qu'il abandonna bien vite. Trop de souvenirs douloureux, de violence et de folie...

Eric Clapton avait changé. Las des tornades de décibels, des débauches d'électricité, de la fureur et du bruit, il aimait maintenant à jouer quelques vieux blues sur une simple guitare acoustique. Pour lui seul, ou pour Patti, sa compagne, qui partageait maintenant sa vie depuis de longs mois. Avec la bénédiction tacite de George Harrison.

Il ne voulait plus entendre parler des Dominos. Ce fut pourtant l'un d'eux, le bassiste Carl Radle, qui l'aida à sortir de cette semi-retraite.

Carl Radle, celui dont il se sentait le plus proche. Un colosse blond, aux longues moustaches, qui le prévint un beau matin qu'un nouveau groupe tout neuf n'attendait plus que lui.

Quoique peu enthousiaste, Eric Clapton accepta.

Carl Radle était son ami, il avait confiance en lui.

*
* *

Le 10 avril 1974, Londres, Soho's China Garden.

Robert Stigwood, le patron de RSO Records, la maison de disques d'Eric Clapton, avait loué ce restaurant pour fêter un événement de taille, le retour de God Slowhand ! Lequel allait bientôt s'envoler pour Miami afin d'y enregistrer son prochain disque avec de nouveaux musiciens : le guitariste George Terry, le batteur

Jamie Oldaker, le pianiste Dick Sims et la très jolie choriste Yvonne Elliman.

Les invités étaient nombreux : Elton John, Pete Townshend, Ronnie Wood et Rick Grech, qui l'avaient sauvé du gouffre en le faisant monter sur la scène du Rainbow.

Rayonnant de bonheur, Eric Clapton déclara :

– Je ne sais pourquoi, mais j'ai le sentiment qu'il est temps de me remettre au travail. Après l'album, je commence une tournée américaine. Puis, nous reviendrons faire plusieurs concerts en Angleterre. J'ignore encore comment se nommera notre groupe, tout ce que je sais, c'est que je me sens en pleine forme et que je suis heureux !

Probablement aussi heureux que lui, ses amis l'applaudirent à tout rompre, tandis que Patti tombait dans ses bras. Le docteur Meg Patterson avait fait merveille : son client était effectivement en pleine forme. Sa peau avait retrouvé une couleur normale, il avait désormais la joue ronde et l'œil malicieux. Un peu trop luisant, peut-être... l'alcool et la marijuana ayant remplacé l'héroïne. Une autre vilaine habitude dont il allait mettre près de dix ans à se défaire...

Enfin, il s'agissait pour lui d'un moindre mal, qui ne l'empêcha pas, trois jours plus tard, de s'envoler vers les studios Criteria de Miami.

« Je peux bien l'avouer, expliqua-t-il plus tard à la presse anglo-saxonne, *quand je suis parti, je n'avais pas la moindre idée de ce que j'allais faire, hormis les quelques chansons que j'avais écrites ces derniers mois. À part Carl, je ne connaissais personne dans le groupe. Alors, nous nous sommes tous installés dans le*

studio et avons joué quelques blues. Je ne voulais sur-
tout pas qu'ils aient l'impression que je voulais me
mettre trop en avant en imposant ma musique. Ce ne
fut heureusement pas le cas [1]. »

Ce le fut si peu d'ailleurs, qu'il composa une chanson, *Get ready*, avec Yvonne Elliman, qu'il en adapta
une autre, *Motherless Children*, avec Carl Radle, et
qu'ils en enregistrèrent une dernière, *Mainline Flo-
rida*, due au seul George Terry. C'est aussi à l'occasion de ces sessions que ce dernier lui fit écouter
l'album d'un parfait inconnu : Bob Marley.

Le disque s'intitulait *Burnin*, et comportait une
chanson dont Eric Clapton allait faire un succès international : *I shot the sheriff...*

Eh oui ! on a aujourd'hui tendance à l'oublier. Mais,
si feu Bob Marley est devenu la star planétaire que
l'on sait, si le reggae a fait danser presque deux géné-
rations de noctambules dans les boîtes, c'est en grande
partie à Eric Clapton qu'on le doit !

Quelques jours après la sortie de cet album, intitulé
461 Ocean Boulevard – l'adresse de la villa qu'avait
louée le groupe le temps de son séjour en Floride –, Eric
Clapton recevait un coup de téléphone de Bob Marley.

I shot the sheriff caracolait déjà en tête des ventes, et
son auteur tenait absolument à remercier l'homme
grâce auquel le reggae était sorti de son ghetto de
Kingston, en Jamaïque.

En 1988, Eric Clapton évoquait le souvenir de Bob
Marley : « *La première chose que je lui ai demandée,
c'était s'il avait réellement tué un sheriff, tant cette
chanson me semblait autobiographique ! Il a éludé ma*

1. *Op. cit.*

question, prétendant que I shot the sheriff *mélangeait réalité et fiction. Il n'a jamais voulu me dire dans quelles proportions... Après ce coup de téléphone, je ne l'ai vu qu'une fois, à Londres, alors qu'il se produisait à l'Hammersmith Odeon. Nous avons longuement discuté. C'était un homme hors du commun, très chaleureux, majestueux* [1]. »

I shot the sheriff permit à Eric Clapton d'élargir considérablement son univers musical et de toucher un nouveau public. *461 Ocean Boulevard,* immense succès, désorienta pourtant le carré de ses fidèles qui n'y trouva point de divins solos de guitare.

Le dieu à la main lente était-il définitivement enterré ?

Non, il avait changé de registre.

À la folle électricité d'autrefois, il préférait des chansons plus acoustiques, intimistes, personnelles. *Motherless Children,* par exemple, vieux chant traditionnel où il est question d'enfants privés de mères. *Give me strength,* surtout, une chanson magnifiquement interprétée au dobro ; celle que préférait Rose Clapp, sa grand-mère, parce qu'elle évoquait le terrible combat qu'il avait mené contre la drogue.

De la force, en effet, il allait lui en falloir. Mais, cette fois-ci, pour lutter contre la bouteille. L'enregistrement de *461 Ocean Boulevard* l'avait-il épuisé ? Le besoin de drogue se faisait-il encore sentir ? Toujours est-il qu'à l'instar de nombreux junkies repentis, Eric Clapton commença à sombrer dans l'alcool.

Le 18 mai, il passa la journée chez Ron Wood en compagnie de Keith Richard, deux musiciens qui ne

1. *Op. cit.*

vouaient pas grand amour à l'eau minérale. Il s'agissait, en principe, d'aider Ron Wood à réaliser un prochain album. En principe seulement, le bourbon ne tardant pas à couler à flots.

Keith Richard et Eric Clapton se mirent à jouer distraitement quelques blues, sans plus prêter attention à leur ami. Journée qui a laissé d'amers souvenirs à ce dernier : « *Faire un bœuf était précisément ce dont je ne voulais pas... Deux gugusses qui nous font un blues en mi deux jours durant, c'est aussi productif que de réunir trois batteurs dans une pièce où il n'y a pas de batterie. J'étais hors de moi, Eric commençait à devenir violent, faisait des remarques déplaisantes. Enfin, nous avons tout de même eu du bon temps ensemble* [1] *!* »

Cette terrible dépendance à l'alcool, il s'en expliqua en 1987, devant les caméras de la BBC : « *Je suis toujours entre deux disques et trois tournées, parce que le travail m'évite de sombrer totalement dans l'alcoolisme. Quand je suis chez moi, c'est terrible : il y a un pub juste au bout de la rue. J'y suis dès l'ouverture. À midi, je rentre chez moi pour récupérer. Ensuite, j'y reste jusqu'à la fermeture et, tous les soirs à onze heures, je rentre ivre mort à la maison.* »

À l'évidence, le travail ne l'empêchait pas de s'alcooliser : « *À cette époque, j'étais tellement saoul certains jours que je me souviens avoir donné un concert allongé. Je ne pouvais plus tenir debout, alors je me suis couché ! Remarquez, ça n'a pas vraiment choqué le public, qui était dans le même état que moi ! Il est vrai que la mode était à la bouteille, il était de*

---

1. *Eric Clapton, the complete recording sessions, op. cit.*

bon ton, pour un musicien, de se promener une flasque de Jack Daniels à la main ! »

Enfin, alcool ou pas, il travailla beaucoup.

Début juin 1974, le groupe répéta deux semaines durant, à la Barbade, dans les Antilles.

Le 20, Eric Clapton and his Band – c'était le nom qu'ils avaient fini par trouver – se produisirent en Suède, au Tivoli Gardens de Stockholm. Le lendemain, ils étaient au KB Halle de Copenhague, la capitale danoise. Lors de ces deux concerts, le public scandinave, feignant de ne pas remarquer que le groupe n'était pas encore tout à fait au point, lui réserva un accueil des plus chaleureux. Quant à leur prestation du 28, au Yale Bowl de Newhaven, dans le Connecticut, elle compensa vite la mauvaise impression des débuts.

La tournée prenait son rythme de croisière.

Le groupe d'Eric Clapton, dont on aurait pu penser qu'il n'était qu'un simple assemblage hétéroclite, se mua rapidement en une belle bande d'amis, unie à son leader par des liens qui n'étaient pas seulement professionnels.

Le mois suivant, ils ne donnèrent pas moins de vingt-deux concerts. Un véritable marathon, qui ne s'arrêta que début septembre, quand Eric Clapton et ses musiciens entrèrent à nouveau en studio, avant d'aller écumer le Canada, le Japon, la Hollande, l'Allemagne et la France, pour un concert mémorable, le 2 décembre, à Paris, au Parc des expositions… Entre-temps, notons qu'il avait également participé à l'enregistrement d'un album de Freddie King en compagnie de la chanteuse Marcy Levy.

Durant cette interminable tournée, vinrent les rejoindre sur scène des invités aussi prestigieux que les bluesmen

Freddie King et John Mayall, des stars telles que Todd Rundgren et Keith Moon, ainsi que les amis fidèles, Pete Townshend et Ron Wood, décidément pas rancunier !

Ce n'était plus un retour, c'était un raz de marée.

Pour autant, il ne s'agissait plus du même Clapton. Eric le mousquetaire de la guitare avait laissé la place à un homme plus mûr qui, – sacrilège suprême aux yeux de ses admirateurs – laissait de plus en plus la vedette à George Terry, le guitariste en second [1], comme s'il avait définitivement rompu avec la légende du dieu à la six cordes...

Il ne s'agissait ni de reniement ni de lâcheté. Eric Clapton souhaitait simplement que « son » groupe devienne un groupe à part entière, dans lequel chacun aurait le loisir de s'exprimer.

Ce vœu n'était pas que pieux, puisque au début de l'année 1975, ils sortirent – ensemble – un nouvel album : *There's one in every crowd*.

« *Si on n'aime pas ce disque au bout de trois ou quatre écoutes,* précise Eric Clapton, *on ne l'aimera jamais. Mais, s'il vous séduit la première fois, vous y découvrirez, peu à peu, des notes très subtiles, très fines, des petites touches délicates, comme dans un tableau impressionniste [2].* »

En fait, il s'agissait d'un de ses albums les plus aboutis, quoique injustement méconnu.

There's one in every crowd fut donc enregistré, du 29 août au 18 septembre 1974, aux Dynamic Sounds

---

1. Une des plus belles prestations de George Terry, exécutée à la slide, se trouve ainsi sur la chanson *Smile*, qu'on ne trouve malheureusement que dans la compilation *Live in the seventies*.
2. *Eric Clapton, the new visual documentary, op. cit.*

Studios, en Jamaïque. Outre George Terry, Carl Raddle, Dick Sims, Jamie Oldaker et Yvonne Elliman, le quintette de base, on y apprécia la voix délicieuse de Marcy Levy. À l'occasion de son précédent disque, Eric Clapton avait découvert – et fait découvrir – Bob Marley et le reggae. Tombé un temps amoureux de cette musique, il souhaitait donner un coup de pouce à l'une des autres stars de Kingston : Peter Tosh [1].

Ensemble, ils enregistrèrent deux chansons, *Watcha gonna do* et *Burial*, qui ne laissèrent, au bout du compte, qu'un souvenir mitigé à Eric Clapton : « *Tous ces rastas entraient et sortaient dans le studio, fumant des joints aussi gros que des trompettes. On n'y voyait plus rien. Quant à Peter Tosh, il était littéralement effrayant, comateux, vautré sur sa chaise. On lui disait de se lever : il se levait. On lui disait de s'asseoir : il s'asseyait. Le pire, c'était quand il chantait : je n'arrivais pas à comprendre un traître mot de son baragouin. Impossible ! Avec ces Jamaïcains, c'était déjà pénible de leur demander de répéter chaque phrase lentement, en articulant ; mais lorsqu'ils chantaient, moi, j'abandonnais ! Quand nous avons fait ces deux chansons, j'en arrivais même à ne plus comprendre ce que je disais. Finalement, nous avons décidé qu'elles ne figureraient pas sur l'album [2]. D'ailleurs, le groupe*

---

1. Eric Clapton n'avait pas manqué de flair : Mick Jagger ayant enregistré quelques années plus tard un duo avec le même Peter Tosh, *Don't look back*. Peter Tosh devait mourir, le 11 septembre 1987 à Kingston, tué d'une balle dans la tête alors qu'il regardait la télévision avec des amis. La police conclut à un règlement de comptes entre dealers.
2. On peut néanmoins trouver *Watcha gonna do* dans le coffret *Crossroads*.

commençait à en avoir assez du reggae. Il fallait que le disque corresponde à ce que nous jouions sur scène. Hors, ce n'est pas parce que nous avions repris I shot the sheriff *que nous étions devenus un groupe de reggae* [1] *!* »

Ces deux morceaux évacués, ne demeurait plus qu'un seul titre reggae sur l'album : *Don't blame me*, composé par Eric Clapton et George Terry. Un clin d'œil à Bob Marley, en fait, contant l'histoire d'un homme qui, justement, n'a pas tué de sheriff et qu'on a mis en prison ! Pourtant, si *There's one in every crowd* ne fit pas mystère de ses influences jamaïcaines, le blues y était bien présent. En témoignent *The sky is crying*, superbe adaptation de la célèbre chanson d'Elmore James, et *Singin' the blues*, créée par Mary McCreary.

À en croire Yvonne Elliman, l'enregistrement de ce disque fut l'occasion de folles agapes. Mais, alcool ou pas, Eric Clapton était, avant tout, un perfectionniste perpétuellement mécontent de son travail. Ainsi, s'envola-t-il ensuite aux studios Criterias de Miami afin de peaufiner le mixage des bandes, de les retoucher et de les retoucher encore, inlassablement. C'était également une époque où il enrageait des faiblesses de sa voix : « *Elle sonnait bien trop jeune à mon goût. Durant cette première partie de ma carrière, j'étais obsédé par le fait de savoir si ma voix était trop juvénile ou trop vieille, ou trop ceci, ou trop cela. Heureusement, depuis trente ans que je fume trois paquets de cigarettes par jour, je n'ai plus ce problème ! Maintenant, ma voix se contente de sonner comme elle peut* [2] *!* »

1. *Eric Clapton in his own words, op. cit.*
2. *Eric Clapton, the complete recording sessions, op. cit.*

128

Conclusion de l'équipée jamaïcaine, le disque finit par atterrir chez les disquaires. Mais, après le phénoménal succès de *461 Ocean Boulevard*, RSO, sa maison de disques, ne pouvait qu'être déçue.

Elle le fut.

Le nouvel album se vendait mal.

Eric Clapton and his Band s'apprêtait à entamer une prochaine tournée. On leur intima « l'ordre » de préparer un album en public, histoire de donner un coup de turbo aux maigres ventes de leur dernier disque.

Ils n'avaient pas le choix, même si pour Clapton cet album en public ne reposait sur aucun concept précis. Ce n'était pour lui rien de plus qu'un « accident de parcours ». La joyeuse bande accepta le diktat de RSO, choisit ses meilleures prestations des derniers mois et, sans s'en rendre compte, signa un inoubliable *opus*.

Splendide florilège de ces dernières tournées, ce disque en public faisait la part belle au blues.

Un *Driftin' Blues* [1] électro-acoustique, époustouflant, un *Can't find my way home*, vieille chanson de Stevie Winwood, remontant aux lointaines années de Blind Faith, magistralement interprété par Yvonne Elliman, l'éternel *Rambling on my mind* de Robert Johnson où, l'espace de quelques minutes, Eric Clapton se laisse aller à une fulgurante improvisation de guitare sur une grille harmonique montant d'un ton toutes les douzes mesures...

Sur la pochette, on pouvait voir une femme nue, de dos ; buste sensuel sur lequel étaient inscrits les mots

1. Un vieux standard composé par Johnny Moore, Charles Brown et Eddie Williams.

suivants : « *E. C. was here.* » De l'autre côté du disque, une poitrine généreuse, dont la propriétaire demeure, à ce jour, malheureusement inconnue...

Pour Yvonne Elliman, il s'agissait là de belles, de très belles années : « *Eric n'était plus un homme seul, entouré de musiciens dont la seule fonction était de l'aider à s'assumer. Nous étions un véritable groupe. Il nous donnait beaucoup, nous lui rendions tout autant. Lui-même n'en revenait pas. Parfois, durant les concerts, il s'arrêtait de jouer, se contentait de nous regarder et de nous écouter. Lui qu'on avait tant adulé, auquel on avait toujours dit qu'il était le meilleur... être capable d'une telle modestie nous semblait extraordinaire. Je me souviens d'un soir où les membres de Led Zeppelin étaient venu nous voir. C'est simple : ils n'en croyaient pas leurs yeux* [1] ! »*

Malgré cette activité frénétique, Eric Clapton donna le coup d'envoi, en juin 1975, d'une autre tournée américaine. Ce qui lui laissait encore le temps, le 22 juin, de rejoindre les Rolling Stones au Madison Square Garden, le temps d'interpréter un *Sympathy for the devil* incandescent. Inversement, le 28, au Nassau Coliseum de New York, il était rejoint sur scène par deux autres dieux de la guitare : John MacLaughlin et Carlos Santana. Une autre prestation magnifique eut également lieu, le 14 août 1975 au Forum de Los Angeles, quand il joua, deux heures durant, avec Keith Moon à la batterie, Carlos Santana à la guitare, et Joe Cocker au chant.

Au sortir de ce concert légendaire, il eut ces mots, à propos de Carlos Santana : « *Pour avoir joué plusieurs*

1. *Eric Clapton, the complete recording sessions, op. cit.*

130

fois avec lui durant cette tournée, je ne peux dire que ceci : c'est un immense guitariste, auprès duquel je me sens parfois un tout petit garçon. C'est rare que je donne une opinion sur un musicien : j'ai le sentiment que ce genre de propos, souvent lancés à la légère, sont plus préjudiciables qu'autre chose. À eux comme à moi. En musique, je n'ai pas le goût de la compétition. J'ai ma place, Carlos a la sienne. Pourquoi tout comparer, tout mélanger ? Nous ne jouons pas la même musique. Et puis, si je devais me mesurer à chacun de mes confrères, je n'en finirais plus et je ferais mieux de changer de métier [1] ! » Pour couronner cette fastueuse période et satisfaire sa maison de disques, Eric Clapton décrocha à nouveau la timbale avec sa version du *Knockin' on heaven's door* de Bob Dylan, que ce dernier avait composé pour la bande originale du western de Sam Peckinpah : *Pat Garrett and Billy the Kid.*

Le groupe s'envola une fois encore pour le Japon, le temps de quelques concerts. Une autre vieille connaissance, Docteur John, vint l'y retrouver.

Comme cela avait été le cas lors de la tournée précédente, Eric Clapton rechigna à se mettre en avant : « *Je sais qu'il m'a fallu beaucoup de temps, plus que vous ne pouvez l'imaginer, pour arriver à maturation. Je trouvais plus enrichissant de m'intéresser à mes musiciens et à leur travail. Et puis, à quoi cela rimait-il de faire dans la surenchère, de démontrer à la face du monde que j'étais le meilleur guitariste de tous les temps ? C'est une discipline si difficile, dans laquelle tant de confrères me surpassent. Une jungle où l'on trouve toujours un musicien pour brailler : "Hé ! c'est*

---

1. *Eric Clapton in his own words, op. cit.*

moi le guitariste le plus rapide de cette ville ! Y a-t-il quelqu'un qui veuille m'affronter ?" Tout ça n'est qu'enfantillage, temps perdu. Du temps, j'en avais déjà tellement perdu dans ma vie [1]. »

Il buvait toujours, il travaillait comme un forcené, et il était heureux, allant jusqu'à déclarer à la presse américaine : « *Ce groupe est le meilleur que j'aie jamais eu. Cela dit, n'exagérons pas. La dernière fois que j'ai dit de telles choses, c'était à propos des Dominos. On sait comment tout ça a fini !* »

Quelques semaines plus tard, Bob Dylan, ravi de ce que son *Knockin' on heaven's door* ait été repris par Eric Clapton, invita ce dernier à le rejoindre, le 28 juillet 1975, aux Columbia Studios de New York, où il enregistrait son dernier disque, *Desire*.

Clapton y fit sonner sa Fender Stratocaster sur sept chansons. Une seule fut retenue par Dylan : *Romance in Durango*.

« *Il faut bien avouer,* s'amuse Eric Clapton, *que cet enregistrement était, comment dirais-je, un rien désordonné. À la fin des sessions, je me suis retrouvé avec une trentaine de musiciens qui avaient tous des instruments étranges, des accordéons, des violes, des mandolines. En fait, cela faisait trop de bruit, ça ne pouvait pas fonctionner. Pour tout arranger, c'était impossible de faire quelque chose de constructif avec Bob. Il ne savait jamais ce qu'il voulait, il passait d'une chanson à l'autre, sans jamais chercher à approfondir son travail* [2]. »

À charge de revanche, et peut-être pour se faire pardonner de n'avoir pas davantage tiré parti de son tra-

---

1. *Op. cit.*
2. *Eric Clapton, the complete recording sessions, op. cit.*

vail, Bob Dylan lui promit de venir l'aider à l'occasion de son futur album.

Le temps de participer à l'enregistrement d'un album complet de Tom and Don, un duo folk très influencé par les Beatles, aujourd'hui oublié, et Eric Clapton déposait ses valises au Shangri-La Studios de Malibu, en Californie.

*
* *

Début du mois de février 1976. Huit heures du matin.

Accoudé au bar du studio, Eric Clapton sirotait tranquillement son troisième verre de Jim Beam de la journée. Médication un peu rude, certes, mais qui avait le mérite de chasser les vilains effets de la nuit précédente. Il avait la barbe aussi longue que les cheveux qui lui dégringolaient sur les épaules. Le rebord de son panama blanc à ruban noir jetait une ombre bienfaisante sur ses yeux rougis de fatigue.

Il claqua de la langue.

La soif.

Alors qu'il s'apprêtait à remplir à nouveau son verre, arriva l'avant-garde de la horde de joyeux lurons censés participer à son prochain enregistrement : Carl Radle, George Terry, Dick Sims, Jamie Oldaker, Yvonne Elliman et Marcy Levy. Sa garde rapprochée, en quelque sorte.

Puis vinrent s'abreuver au zinc l'incontournable Ron Wood, qui venait tout juste de se faire embaucher chez les Rolling Stones, et le pianiste Billy Preston.

133

Débarqua ensuite un autre inévitable compère, Pete Townshend. Juste derrière : Sergio Pastora, l'un des plus grands batteurs de jazz de ces trente dernières années, Chris Jagger, le frère de Mick, et Van Morrison, ancien chanteur des Them et auteur du fameux *Gloria*. Et, pour finir, l'inénarrable Bob Dylan, dit « Le Zim », flanqué du groupe qui l'avait si longtemps accompagné en tournée : The Band. Soit, le chanteur guitariste Robbie Robertson, le bassiste Rick Danko, le batteur Levon Helm et les pianistes Garth Hudson et Richard Manuel.

On attendait un orchestre, on eut un congrès.

Des plus productifs, ce qui ne gâtait rien.

Qu'on en juge : en moins de trois mois, ils enregistrèrent trente-quatre chansons ! Et n'en gardèrent que dix [1].

Les plus belles.

Beautiful Thing, composé tout spécialement par Richard Manuel et Rick Danko.

All our past times, signé du seul Rick Danko.

Sign Language, qu'apporta Bob Dylan, tout penaud de la façon dont s'était déroulé l'enregistrement de *Desire*.

Des blues, aussi, avec le traditionnel *County Jail Blues* d'Alfred Fields et le *Double Trouble* d'Otis Rush. Sans oublier le délicieusement paresseux *Black Summer Rain*, une charmante ballade signée de la main d'Eric Clapton.

Parmi les titres qui finirent au rebut, on peut regretter de n'avoir jamais entendu *It's Eric Clapton's birthday*, improvisé le jour de son anniversaire. Ou, pro-

---

1. Onze dans la réédition en CD, puisque y figure le superbe *Last Night,* absent lors de la première sortie, en disque vinyle.

bablement plus alléchant : *I'm thirsty* (J'ai soif) qui peut légitimement laisser pensif quant à l'ambiance régnant lors de cette session !

Le ton de cet album, finalement baptisé *No reason to cry* (Pas de quoi pleurer, on veut bien le croire…), avait été donné quelques mois auparavant par Ron Wood, venu rejoindre le groupe dans leur repaire de Nassau, aux Bahamas.

« *Il me poussait à composer de nouvelles chansons,* sourit Eric Clapton. *Mais je n'en n'avais guère envie, il faisait trop bon vivre ici pour penser à travailler. Pour lui faire plaisir, nous avons fini par en écrire une ensemble, dont tout le monde ignore d'ailleurs ce qu'elle est devenue. Je ne me rappelle que son titre :* Tu es vraiment trop sympa pour mourir, on devrait t'enterrer vivant ! *C'est vous dire le sérieux de mon travail avec Ronnie ! Pour être franc, ça n'était rien, comparé à ce que nous avons ensuite connu aux Shangri-La Studios, avec Bob Dylan… Quand on l'a vu débarquer, vêtu de cuir noir, totalement halluciné !… Bob a profité de ce que la copine de mon batteur avait une jambe dans le plâtre pour la prendre sur son épaule, l'emmener par la fenêtre et la sauter sous une tente qu'il avait auparavant plantée dans le jardin ! Vous vous rendez compte ? Abuser d'une fille qui a une jambe dans le plâtre, quel manque de tact, quelle goujaterie ! Heureusement que mon batteur avait le sens de l'humour. Le pire, c'est qu'en partant, Bob a volé tous les vêtements de Ronnie ! Pourquoi ? On ne l'a jamais su… Heureusement, il nous a laissé la copine de mon batteur, ainsi que son plâtre* [1] *!* »

---

1. *Eric Clapton in his own words, op. cit.*

Un dernier détail en passant : avant d'être un studio d'enregistrement, Shangri-La n'était autre qu'un bordel, ceci expliquant peut-être cela... « *Extraordinaire, se souvient Eric Clapton, des chambres partout ! Avec des water-beds, des miroirs sans tain, des glaces aux plafonds. Et dire que nous composions dans une telle ambiance... Les chansons naissaient naturellement, toutes aussi bonnes les unes que les autres. Ça a vraiment été un crève-cœur de n'en garder qu'une dizaine pour le disque, et de devoir abandonner tout le reste* [1]. »

Eric Clapton se sentait si bien aux Shangri-La Studios qu'il ne put résister au plaisir de jouer les prolongations. Aussi participa-t-il à deux autres sessions. Une pour Kinky Friedman, l'autre pour Joe Cocker [2]. Infatigable, il trouva encore le temps d'accompagner les Rolling Stones sur la scène de Leicester, le temps d'un *Brown Sugar* et d'un *Key to the highway*, puis d'aller jouer quelques notes de guitare sur les albums de Stephen Bishop, Corky Laing et d'un autre vieil ami, l'ancien Beatle Ringo Starr.

Il n'était que temps de penser à sa prochaine tournée anglaise qui débuta en juin 1976.

En effet, ses disques se vendaient moins que par le passé, mais Eric Clapton continuait de remplir les salles du monde entier. Et, pour tenir ce rythme effréné, il buvait de plus en plus.

À la fin des années quatre-vingt, il expliquait à la télévision britannique : « *J'en étais arrivé à un tel*

---

1. *Eric Clapton, the complete recording sessions, op. cit.*
2. Deux chansons pour Kinky Friedman (en compagnie du Docteur John), *Kinky* et *Ol' Ben Lucas*, pour l'album *Lasso from El Paso*. Une autre pour Joe Cocker, *Worrier*, pour l'album *Stingray*.

degré d'alcoolisme que je voyais double en permanence. Le plus effrayant, c'était le matin, quand je me réveillais, que ma vue était redevenue normale. Ça me faisait si peur de ne plus voir double qu'il fallait que je boive immédiatement de l'alcool. Pour revoir double. »

*
* *

Le 5 août 1976. Londres, Birmingham Odeon.

Eric Clapton avait le plus grand mal à marcher. Oscillant tel un pendule, il cherchait le câble de sa guitare, mais ne le trouvait pas. Son front était couvert d'une mauvaise sueur, âcre et glacée. Il trébucha sur un câble, manqua en lâcher sa Fender Stratocaster, et trouva enfin le micro.

Là, titubant, la voix éraillée, il s'adressa à la foule :

– J'crois bien qu'Enoch [1] a raison ! Y'a trop d'étrangers dans ce foutu pays...

Consternation générale.

Si le concert se déroula sans plus d'incidents, dès le lendemain la presse se fit un malin plaisir de répercuter une déclaration aussi inattendue qu'intempestive. On accusa Eric Clapton d'être « raciste », d'avoir fait sa carrière « sur le dos des Noirs ».

Eric Clapton a-t-il vraiment tenu des propos racistes ?

Pour commencer, si les mots ont encore un sens, sa déclaration n'était que xénophobe.

---

1. Enoch Powell, député anglais, était un des piliers de l'aile droite du Parti conservateur. Il dénonçait en particulier l'immigration clandestine en Grande-Bretagne.

Ensuite, tenir pour « raciste » un homme qui a passé une grande partie de sa carrière à aider des artistes noirs semble pour le moins hasardeux. N'était-ce pas le bluesman « noir » Buddy Guy qui déclarait, en septembre 1994 : « *Qu'on me traite de vendu parce que je joue avec Stevie Ray Vaughan ou Eric Clapton me fait rire, ces types-là ont fait tellement pour les musiciens noirs, pour moi et pour Muddy Waters, pour Howlin' Wolf, pour tout le monde, pour le blues* [1]. »

Pour finir, qu'est-ce que les « Noirs » ? S'agit-il des Afro-Américains, des Africains et de leurs innombrables ethnies et tribus, des Antillais, des Jamaïcains ? Ceux qui critiquent Eric Clapton se gardent bien de le préciser.

Compte tenu de la situation anglaise, on peut légitimement penser que ces propos visaient principalement les Jamaïcains, particulièrement nombreux en Grande-Bretagne. Une situation logique, les ressortissants de cette île, membre du Commonwealth, ayant automatiquement droit à la nationalité anglaise. Hypothèse que viennent étayer les souvenirs d'Eric Clapton relatifs à l'enregistrement de *There's one in every crowd*, lesquels laissent à penser qu'à l'exception de Bob Marley il n'avait qu'une estime toute relative pour ses « frères » de Kingston.

D'ailleurs, au lieu d'extrapoler sur les « haines » supposées de Slowhand, mieux vaut revenir aux sources. C'est-à-dire à ses déclarations, et non à ce que certains ont voulu lui faire dire.

« *Quand j'ai dit ça, j'étais complètement ivre. Et comme tous les gens ivres, je racontais n'importe*

---

1. *Guitar & Bass.*

quoi. *Quel crédit peut-on porter aux propos d'un poi-vrot ? Moi, ce qui m'étonne le plus, ce n'est pas ce que j'ai pu dire, mais c'est d'avoir été capable de jouer ensuite ! L'instinct de survie, le pilote automatique, le café noir, la bouteille d'oxygène que je respirais en coulisses ? Honnêtement, je n'en sais rien* [1]. »

« *En fait, je ne sais pas ce qui m'a pris lors de ce concert. Peut-être que dans la journée, j'avais eu un incident, un accrochage dans un bar, quelque chose que j'avais intériorisé et qui est ressorti au moment de monter sur scène* [2]. »

Pour conclure ce faux débat, Eric Clapton envoyait le « droit de réponse » suivant au magazine *Sound* du 11 septembre 1976 : « *Je demande à tous les étrangers d'Angleterre de bien vouloir m'excuser pour ces propos. La vérité est que j'avais bu quelques verres avant de monter sur scène, comme cela m'arrive souvent...* »

L'incident était clos. Ceux qui auraient pu se sentir offensés, Bob Marley, Peter Tosh, John Lee Hooker, Muddy Waters et autres « Noirs », paraît-il dénigrés, se gardèrent bien d'emboîter le pas à une campagne aussi stupide.

Laquelle avait fait le bonheur des journaux en mal de sensation et de quelques aigris professionnels, mais ne reposait que sur de méchantes suppositions, ne révélait rien d'autre chez Clapton que l'état d'ébriété permanent où il s'installait.

Ce qui, tout compte fait, était bien plus grave.

---

1. *Eric Clapton in his own words, op. cit.*
2. *Eric Clapton, the new visual documentary, op. cit.*

Le 7 septembre 1976, au domicile d'Eric Clapton.

Cela faisait maintenant près d'une demi-heure que le dieu à la main lente s'énervait tout seul dans son salon. Il avait mis l'un de ses plus beaux costumes, était rasé de près. Fumant cigarette sur cigarette, il attendait.

N'y tenant plus, il se leva, se dirigea vers l'escalier menant à l'étage, brailla :

– Patti, nous sommes déjà en retard ! Qu'est-ce que tu fais ?

Patti Boyd, ex-Harrison, comme toutes les dames, se pomponnait dans sa salle de bains. Hésitait entre deux robes, ne savait quelle culotte choisir, se demandait si ce fond de teint-là irait avec ce collier-ci, si la couleur de cette broche s'accordait avec celle de son bracelet, se perdait en conjectures sur sa coupe de cheveux. Trop courte, trop longue. Non, décidément, le chignon ne lui allait pas, se faire une natte serait du dernier ridicule. Tout en agitant les mains – son vernis à ongles n'était pas encore sec – elle minauda :

– Voui, voui, mon chéri, je suis prête dans un instant !

Écrasant rageusement son mégot dans un bac à fleurs, Eric Clapton se laissa tomber sur le divan du salon. Il savait bien qu'il en avait au moins pour deux heures à se morfondre. La faute à qui ? À l'éternel féminin, bien sûr. Le nom pudique donné aux manies de bonnes femmes par les hommes qui ne se sont jamais mariés.

Eric Clapton ralluma une nouvelle cigarette avant de jeter un coup d'œil à sa montre.

Pour le coup, c'était sûr, ils étaient vraiment en retard.

Ils étaient invités à une soirée donnée en mémoire de Buddy Holly. Il savait qu'il allait y retrouver Paul McCartney et sa femme, Elton John, Phil Manzanera et Andy MacKay de Roxy Music. Il s'en faisait une joie. Et il allait arriver trois heures après le début de la fête...

– Patti !

– Oui, voilà, je suis presque prête ! répondit la voix acidulée de sa compagne.

Cela signifiait qu'il en avait encore pour une heure à faire le pied de grue.

« *J'étais furieux,* se souvient-il. *J'ai une sainte horreur des gens qui ne sont pas ponctuels. Moi-même, je me fais un point d'honneur à être toujours à l'heure à mes rendez-vous. Patti, elle, était toujours en retard* [1]. »

N'y tenant plus, Eric Clapton escalada quatre à quatre les marches de l'escalier. Arrivant en trombe dans la salle de bains, il tomba en arrêt.

La blonde Patti était là, jolie comme un bouquet de marguerites. Fraîche et insolente. Il faillit s'étouffer avec la fumée de sa cigarette, et trouva tout juste le courage de marmonner :

– Tu es merveilleuse, ce soir...

Puis, penaud, il reprit ses quartiers sur le canapé du salon.

Une musique trottait dans sa tête. Lancinante...

1. *Eric Clapton in his own words, op. cit.*

Eric Clapton attrapa une guitare qui traînait sur le sofa, et se mit à jouer. Les mots venaient avec les accords. Naturellement

Il est très tard, ce soir...
Elle se demande quels vêtements elle va porter,
Elle met la dernière touche à son maquillage,
Et brosse ses longs cheveux blonds.
Et puis, elle me demande :
Est-ce que ça va comme ça ?
Je lui dis oui, tu es merveilleuse, ce soir.
Nous nous rendons à une soirée,
Où tout le monde se retournera pour voir,
Cette dame, merveilleuse,
Qui marche à mes côtés.
Là, elle m'a demandé si j'allais bien,
Je lui ai dit oui, je me sens très bien, ce soir.
Je me sens bien,
Parce que je vois l'amour briller dans tes yeux,
Et que je me demande si tu sais,
À quel point je t'aime...
Il est temps de rentrer à la maison, maintenant,
Comme j'avais un peu bu,
Je lui ai donné les clefs de la voiture.
Elle m'a aidé à me coucher,
Et je lui ai dit, tout en éteignant la lumière,
Ma chérie, tu étais merveilleuse, ce soir...

Enfin, Patti Boyd, toute pimpante, fit irruption dans le salon.

— Tu chantais quoi ? C'était joli !

— Oh, rien de bien important, une chanson d'amour...

142

« *J'aime cette chanson, parce que je l'ai écrite, inspiré par la femme que j'aime. C'est pour ça qu'elle
est belle. Le fait qu'elle ait été enregistrée, que les
gens aient pu l'entendre n'a absolument aucune
importance :* Wonderful tonight *ne regarde que moi et
l'élue de mon cœur. Pour tout vous dire, j'ai toujours
aimé les chansons d'amour* [1]. »

1. *Op. cit.*

VII

REVENIR

De la fin des années soixante au début des années quatre-vingt, je voulais tout abandonner. J'étais en vacances, et être musicien n'était qu'un moyen de payer mes vacances.

14 février 1977, Cranleigh, Surrey.

Le matin, les habitants de cette bourgade avaient eu la surprise de voir l'affiche suivante sur les murs : « Ce soir : Eddie and the Earth Tremors, en concert exceptionnel au Village Hall. » Les distractions étaient rares à Cranleigh et les villageois n'entendaient pas manquer une telle fête.

Qu'elle ne fut pas leur surprise quand le soir venu, ils se rendirent compte qu'« Eddie » n'était autre qu'Eric Clapton. Que les « Earth Tremors » s'appelaient en fait George Terry, Carl Radle, Jamie Oldaker et Dick Sims. Les mille livres de recette s'en allèrent renflouer les caisses de l'hôpital de Cranleigh.

Une telle soirée changeait Slowhand de ses prestations habituelles. L'une des dernières, l'une des plus prestigieuses aussi, remontait au 26 novembre 1976. Ses amis du Band donnaient un concert d'adieu au Winterland de San Francisco. Entouré de Docteur John, de Neil Young, Muddy Waters, Ron Wood, Van Morrison, Paul Butterfield, Bob Dylan et de quelques autres célébrités, Eric Clapton avait exécuté un flamboyant *Further on up the road*, avant de conclure sur *I shall be released*, hymne « dylanien » par excellence.

Revenons à ces fameux – et éphémères – Eddie and the Earth Tremors : précédant nombre de ses confrères du showbiz, Eric Clapton ne détestait pas mettre sa guitare au service de causes caritatives, le plus souvent locales. Il était un grand artiste et un grand exilé fiscal... qui résidait officiellement aux Bahamas. Il était surtout un amoureux du Surrey, attentif à la vie de Cranleigh, son village, de ses écoles, hôpitaux et orphelinats. À ses contributions gracieuses, il mettait toutefois une condition, et n'y dérogea presque jamais : son nom ne devait pas être mentionné. Pudeur dont certaines vedettes feraient bien de s'inspirer...

Le 28 avril 1977, alors qu'il achevait une tournée anglaise, Rose Clapp, sa grand-mère, le rejoignit sur scène pour l'étreindre longuement. Il savait qu'elle était là, dans la salle, timide, discrète, portant ses habits du dimanche. Rose était noyée dans la foule, mais Eric Clapton n'avait joué que pour elle, se rappelant le temps où il lui donnait l'aubade. Là, dans la douce chaleur de leur pavillon, il interprétait quelques vieux standards de Robert Johnson. Le dernier accord plaqué, elle le prenait dans ses bras et lui glissait à l'oreille : « Tu es un vrai bluesman, mon fils... » « Son fils »... Dans la tourmente de sa vie, Rose Clapp était un havre de stabilité et de repos.

Il allait en avoir besoin. En effet, sa maison de disques s'inquiétait toujours de ventes fléchissantes. Les concerts affichaient complet, mais le dieu à la main lente ne parvenait pas à retrouver le succès de *461 Ocean Boulevard*, le triomphe planétaire de *I shot the sheriff*... Il lui fallait penser à un nouvel album susceptible de redorer son blason.

C'est alors qu'il se souvint de J. J. Cale, vieux misanthrope qui s'était enfermé, loin des bruits du monde, dans une caravane perdue en plein désert d'Arizona. Du temps de son premier album solo, Eric Clapton avait repris son *After midnight* avec succès, permettant à ce Diogène du blues rural de percevoir quelques royalties et de remettre son stock de bière à niveau.

En 1976, J. J. Cale avait sorti un album, *Troubadour*, sur lequel figurait une chanson qui avait délicieusement chatouillé son oreille.

Cocaïne était son nom. Les paroles épinglaient les cocaïnomanes sur un mode des plus caustiques. La mélodie étayée par un riff de guitare simple, mais efficace, était de celles qu'on n'oublie pas.

Le 2 mai 1977, Eric Clapton et son groupe entraient aux Olympic Sound Studios. Le 25 du mois, le nouveau disque était achevé. Jaquette sobre avec photo en noir et blanc d'un Clapton sans tête, tenant sa Fender Stratocaster. Le titre de l'album était laconique :

Slowhand… Ou de l'art d'assumer la légende tout en lui tordant le cou.

Slowhand était une réussite artistique. Les titres nerveux alternaient avec les ballades, les blues traditionnels avec les incursions dans le jazz. Il ne lui restait plus qu'à devenir réussite commerciale : il se hissa à la deuxième place des ventes, en Angleterre et aux États-Unis. *Cocaïne* ne tarda pas à envahir les ondes, alors qu'on ne comptait plus les couples qui s'étaient formés en dansant sur *Wonderful tonight*, tenu, aujourd'hui encore, pour le plus incontournable des slows estivaux…

Si le résultat était idyllique, la confection de *Slowhand*, elle, fut éthylique. Glyns Jones, le producteur, en garda même un souvenir amer, se rappelant les sautes d'humeur de l'artiste et de son instabilité chronique dues à une consommation grandissante d'alcool.

Poursuivant sa folle course en avant, Eric Clapton et son groupe repartirent en tournée. Entamé en juin 1977, ce tour du monde ne prit fin qu'au mois d'août 1978. Ils étaient allés en Europe, aux USA, au Japon, écumant les stades et les clubs. Eric Clapton s'alcoolisait chaque jour davantage. Patti, pensant le freiner, l'accompagnait dans ses interminables beuveries. Elle se mit à boire autant, sinon plus que lui. De son côté, le groupe commençait à se lasser… Marcy Levy pensait à une carrière en solitaire, George Terry rêvait d'autres cieux. Dick Sims et Jamie Oldaker, forts de leurs bons et loyaux services auprès du dieu à la main lente, étaient maintenant sollicités par d'autres artistes. Seul, Carl Radle, l'ancien de Derek and the Dominos, demeurait fidèle.

Peut-être parce qu'il était son compagnon de soif...

Après cette tournée de douze mois, le groupe s'installa à nouveau aux Olympic Sound Studios.

Pour la dernière fois.

Ils y enregistrèrent *Backless*, un album qui signait la fin d'une époque. Après l'énergique embellie de *Slowhand*, *Backless* avait tout l'air d'une bonne petite sieste. Le disque était certes agréable à écouter. *I'll make love to you anytime* était une ballade « bluesy » et musclée, *Promises*, une bluette primesautière très « harrisonienne », *Tulsa Time*, un nouveau succès en puissance.

La magie était encore présente, quoique plus discrète. Les conditions d'enregistrement et le mixage y étaient pour beaucoup : batterie très « en avant » ; voix très « en arrière ». La voix d'Eric Clapton n'avait pas encore atteint la maturité. Maître de guitare, il savait n'être qu'un apprenti chanteur. Les fées qui s'étaient penchées sur le berceau de *Backless* étaient, elles aussi, en quête d'inspiration : « *Les meilleurs morceaux de cet album ne doivent rien à une quelconque réflexion, mais au simple fait du hasard. Golden Ring, par exemple, la chanson que je préfère, a été écrite dans un moment où je ne supportais plus l'apathie générale des gens qui m'entouraient. Je me rendais compte que tout le monde en avait assez. Je suis venu avec ce titre en me disant que nous allions l'enregistrer parce que j'en avais envie, que cela plaise ou non aux autres. Cela dit, il est toujours facile de critiquer son travail ou celui des autres. Je n'en veux à personne pour ce qui s'est passé durant les séances de* Backless. *Je pense que nous étions tout simplement paresseux. Tous les musiciens sont paresseux. Nous supportons mal les critiques, nous n'allons jamais au bout de notre travail* [1]. »

Conséquence inévitable : George Terry, Marcy Levy et Yvonne Elliman, las d'avoir trop longtemps servi le même maître, fatigués de tant de tumulte, partirent chacun de leur côté. Il fallait pourtant que la machine continue, il fallait remplir à nouveau les salles, repartir sur la route. Yvonne Elliman le quitta ensuite. Eric Clapton en profita pour se remettre en question. Après tant d'expériences musicales, il ressentait le besoin de revenir au blues. Son nouveau répertoire lui faisait la part belle. Le ton était donné par Muddy Waters auquel il demanda d'assurer les premières parties de la prochaine tournée.

« *La première fois de ma vie que j'ai rencontré Muddy Waters, se souvient-il, je me suis senti stupide. Parce que j'étais un petit garçon essayant de jouer une musique d'hommes. Et les hommes en question étaient devant moi, dans la force de l'âge, ils avaient réussi ce que j'essayais de faire en vain* [2]. »

Chaque soir, après avoir chauffé la salle, Muddy Waters retournait en coulisses pour ensuite rejoindre le « jeune » Eric Clapton et le pousser à donner la pleine mesure de son talent. Sous l'influence de Muddy Waters, il tentait de se réconcilier avec lui-même. Ça n'allait pas sans mal. Le 18 novembre 1978, lors d'un concert parisien, Muddy Waters fut si impérial que le public ne voulait plus le laisser partir. Sacré vieux bonhomme qui portait beau ses soixante-trois printemps ! Replet, à peine plus haut que sa guitare, il n'avait pas

1. *Eric Clapton, the complete recording sessions, op. cit.*
2. *Guitarist,* septembre 1994.

150

son pareil pour électriser les foules. Heureux, mais inquiet, Eric Clapton le voyait des coulisses. Exécuter un *Mannish Boy* comme Muddy Waters venait de le faire, il pensait ne jamais y arriver...

Quand le dieu à la main lente monta sur scène, il avait peur.

Peur de ne pas faire aussi bien que son père spirituel.

Le public boudait, mesurait ses applaudissements, redemandait du Muddy Waters.

Eric Clapton joua les premières mesures de *Golden Ring* sous les lazzis. Il eut beau faire, ce n'était plus lui que désirait l'assistance. Si seulement il n'avait pas tant bu durant la journée, il aurait pu se battre davantage, mais sa voix lui échappait, les cordes de sa guitare se dérobaient sous ses doigts. À la fin du concert, Muddy Waters vint le rejoindre sous les applaudissements de l'assistance pour un dernier rappel.

Honteux, Slowhand regagna ensuite sa loge sous le regard contrit de ses musiciens.

– T'inquiète donc pas, fiston ! Tu as fait ce que tu as pu...

Eric Clapton se retourna.

Le vieux Muddy Waters était là, transpirant de bonheur. Il faisait plaisir à voir.

– Toi en revanche, tu as été magnifique, Muddy...

– Eh oui ! fiston, au bout d'un demi-siècle de métier, faut bien que ça finisse par payer un jour ou l'autre ! Au fait, fiston, je peux te donner un conseil ?

– Bien sûr, Muddy...

– Vas-y doucement sur la bouteille, ça te gâte la main. Ensuite, si tu veux mettre de l'ordre dans ta musique, commence par en mettre un peu dans ta vie !

– Patti…

– Oui, Patti, gronda le vieux Muddy Waters. Quand un homme aime, il épouse. Tu sais, fiston, il n'y a pas que l'amour qui compte, il y a aussi les preuves d'amour… En tout cas, c'est ce que ma vieille mère m'a toujours répété !

– Je croyais que tu n'avais pas connu ta mère…

– C'est vrai, grommela Muddy Waters. Mais si je l'avais connue, je suis sûr qu'elle m'aurait dit un truc dans ce genre…

*
* *

Le 27 mars 1979, Patti Boyd devenait madame Patti Clapton.

Son mari en profita pour donner une fête grandiose où le vin coula à flots. En fin de journée, certains invités sortirent guitares et harmonicas. Ringo Starr s'installa derrière une batterie montée en hâte. Paul McCartney, Mick Jagger et Eric Clapton vinrent le rejoindre. Puis, à l'étonnement général, ce fut au tour de George Harrison, beau joueur, de se mêler de la partie. Ce concert se termina sur un *Wonderful tonight* des plus sentimentaux…

Muddy Waters faisait plus que donner des conseils avisés : il donnait l'exemple. Le 5 juin 1979, une certaine Marva Jean Brooks, une jeune beauté de 25 ans, devint madame Waters. Ou, pour être plus précis, madame McKinley Morganfield, le véritable nom du père fondateur du blues moderne.

Eric Clapton fut le témoin de Muddy Waters.

Bonheur tardif qui ensoleilla ses derniers jours : la mort devait le surprendre dans son sommeil, le 30 avril 1983.

L'ancêtre avait tant donné, trop donné.

Son corps était usé, son bon cœur, malade.

En septembre 1994, le bluesman Buddy Guy lui rendit cet ultime hommage : « *Le vieil homme était au plus mal, mais ne voulait surtout pas qu'on le plaigne. Il avait préféré s'isoler pour finir dignement sa vie. Lorsque Junior Wells et moi l'avons appelé pour prendre de ses nouvelles, il s'énerva : "Je ne suis pas malade, tas de p'tits branleurs ! Laissez-moi tranquille ! Mais je vous en supplie : ne laissez pas le blues mourir avec moi"... Quand je l'ai rencontré, j'étais môme, je n'avais pas le sou. Un jour, il est venu me voir jouer. À la fin du concert, il m'a dit : "On m'avait prévenu que tu savais tenir une guitare, p'tit branleur. Je sais aussi que tu crèves de faim." "Non, c'est pas vrai !" lui ai-je répondu. Pour toute réponse, il m'a collé une gifle. Une grosse gifle qui a failli me décoller la tête. "Ne me prends pas pour un con, je sais que tu as faim, p'tit branleur. Alors, tu te tais et tu me suis." Il avait garé sa voiture devant le club. Un énorme sandwich au salami m'y attendait. Jamais je n'avais mangé avec autant d'appétit. Ensuite, il a continué : "Il paraît que tu veux retourner en Louisiane ? N'y pense même plus. Tu vas rester à Chicago avec moi !" Je n'en revenais pas : j'allais jouer avec Muddy Waters ! Plus jamais je n'ai eu faim. Une claque avait suffi à changer ma vie. Le vieux sage était un père pour moi, il était un père pour nous tous* [1]. »

1. *Guitar & Bass.*
L'harmoniciste Junior Wells, que nous avons récemment ren-

*
* *

À la fin de l'été 1979, après une tournée américaine particulièrement éprouvante, Eric Clapton se sépara définitivement de ses musiciens, Dick Sims, Jamie Oldaker et Carl Radle.

« J'étais devenu très difficile à vivre, nerveux, agressif. Je buvais deux bouteilles d'alcool par jour, sans compter tout ce qui me passait sous la main. Toutes les tensions qui déchiraient le groupe se catalysaient sur moi. J'ai fini par virer tout le monde. Le pire est que je n'ai même pas osé le leur dire en face, je l'ai fait par télégramme... Je n'ai jamais revu Carl Radle. Il est mort peu de temps après. Trop de drogues, d'alcool, je me sentais responsable de l'avoir entraîné sur ces chemins. Je n'étais pas très fier de moi... Il faudra que je vive avec le poids de cette faute tout le reste de mon existence [1]. »

contré, a avoué, lui aussi, avoir été singulièrement épaulé par le vieux Muddy, au sortir d'une adolescence tumultueuse. Ses multiples frasques l'avaient un jour conduit devant le juge pour enfants. Lequel était décidé à l'envoyer méditer quelque temps en maison de correction. Averti *in extremis*, Muddy Waters se précipita dans le bureau du magistrat et se porta personnellement garant de la future bonne conduite du jeune garçon. Dès qu'ils se retrouvèrent dans la rue, Junior prétendit vouloir rentrer seul à pied. Le vieux Muddy l'attrapa aussitôt par le col et le jeta dans sa voiture. C'est avec une grande émotion que Junior Wells se rappelle cette scène, confessant humblement que sans l'intervention « musclée » de Muddy Waters, il aurait certainement mal, très mal, tourné.

1. *Eric Clapton in his own words, op. cit.*

154

Il s'agissait maintenant de préparer la suite de la tournée. Et surtout de reformer un nouveau groupe. « *Roger Forrester, mon manager, m'avait convaincu que de vieilles chansons, telles que* Badge *ou* Layla, *avaient besoin d'être dépoussiérées. D'après lui, il fallait les jouer plus fort, de façon plus électrique. C'est lui qui m'a conseillé de prendre Albert Lee comme guitariste rythmique. Je me suis dit : pourquoi pas ? En me demandant surtout pourquoi je n'y avais pas pensé plus tôt* [1] *!* » Il engagea ensuite le pianiste Chris Stainton, le bassiste Dave Markee et le batteur Henry Spinetti. Trois musiciens pour lesquels le blues n'avait pas de secrets. Le temps de répéter quelques jours, et ils s'envolèrent avec Muddy Waters pour une tournée européenne. Vienne, Linz, Nuremberg, Belgrade... Varsovie... Katowice... Dix ans avant la chute du mur de Berlin, Eric Clapton était l'un des premiers artistes occidentaux à se produire de l'autre côté du rideau de fer.

Les foules étaient transportées d'enthousiasme. Les miliciens, nettement moins, qui chargèrent les spectateurs lors du concert de Katowice. « *N'importe où dans le monde,* se rappelle-t-il, *les services de sécurité savent garder leur sang-froid ; ils sont là pour éviter les débordements. À Katowice, ils ont sorti leurs matraques, ont frappé à l'aveuglette... Moi, j'étais sur scène et je ne pouvais rien faire. J'aurais bien voulu calmer le jeu, mais il y avait l'obstacle de la langue, personne ne comprenait l'anglais dans cette foutue salle. Tous ces hommes en uniforme... on se serait cru dans* Le Troisième Homme, *le film de Carol Reed* [2]. »

1. *Eric Clapton, the new visual documentary, op. cit.*
2. *Op. cit.*

Après avoir fait le tour de l'Europe de l'Est, le groupe partit pour Israël, la Thaïlande, les Philippines, pour finalement atterrir au Japon, en décembre 1979. Le 3 et le 4, à Tokyo, au théâtre Budokan, ils donnèrent deux de leurs plus beaux concerts, immortalisés sur le double album *Just one night*.

« Je ne tenais pas vraiment à ce qu'ils soient enregistrés. Malgré toutes ces années passées en tournées, je me sens toujours timide sur scène. À mon avis, un concert devrait rester un moment éphémère. Pour tout arranger, sur les deux concerts enregistrés, la maison de disques a choisi de sortir celui qui me plaisait le moins [1] *!* »

Après seulement deux semaines de vacances, Eric Clapton repartait à nouveau en tournée, écumant encore l'Angleterre, l'Irlande et les pays scandinaves. Il était littéralement à bout de force. Pour tenir, il buvait jusqu'à ne plus pouvoir tenir debout. Quand, en juin 1980, il s'installa aux Compass Point Studios de Nassau, aux Bahamas, il n'était plus que l'ombre de lui-même. En moins de deux mois, il accoucha pourtant d'un disque magnifique, *Another ticket*, dédié à feu Carl Dean Radle… *« La plupart des titres sonnent très "blues". Pour cet album, j'avais décidé de prendre tout mon temps. Peut-être étais-je las de la futilité de certaines de mes chansons. Je voulais revenir au blues, m'enraciner à nouveau* [2]. »

Du blues, *Another ticket* n'en manquait pas : *Blow by blow*, une reprise de Muddy Waters ou *Something special*, signé de sa main. Album mélancolique, ce dernier *opus* reflétait surtout l'extrême lassitude d'un

---

1. *Eric Clapton in his own words, op. cit.*
2. *Eric Clapton, the complete recording sessions, op. cit.*

artiste emporté dans une fuite en avant qui semblait ne devoir jamais s'arrêter.

Pourquoi ne pas rester ainsi pour toujours ?
Pourquoi faut-il toujours changer ?
Chaque fois que l'on pense avoir payé le prix,
On se rend compte qu'il faut s'en acquitter deux
[fois.
Chaque fois que l'on pense être arrivé au bout du
[chemin,
On recommence, on prend un autre ticket.
Ô, mon amour, comme le temps passe.

Le temps passe, on ne peut jamais le rattraper, disait cette chanson, *Another ticket...* Est-ce les concerts donnés en Terre sainte, là où le temps qui passe semble justement s'être arrêté pour l'éternité, qui lui permirent d'afficher cette lucidité désespérée ?

Pour se faire une idée de son état d'esprit du moment, le mieux est de se reporter aux paroles de *Hold me Lord* :

Seize jours à Bethléem.
À fumer de l'herbe et à boire du vin.
Coucher avec les femmes, faire de la musique.
La voie était tracée et j'eus raison,
D'aller faire un tour en Galilée.
Pour trouver de nouveaux amis,
Tenter d'oublier la fin, si proche.
Retiens-moi, mon Dieu, retiens-moi, mon Dieu.
Retiens-moi fort, je suis dans l'impasse.
Retiens-moi, mon Dieu, retiens-moi, mon Dieu.
Retiens-moi fort, je t'en supplie...

Dieu n'allait pas le retenir.

Malade, terriblement affaibli, Eric Clapton trouvait encore la force de jouer, en octobre 1980, sur le disque de Phil Collins, le batteur du groupe Genesis, et de repartir pour une autre tournée américaine... Il dut l'interrompre le 14 mars 1981 pour être hospitalisé d'urgence. Son estomac était rongé par des ulcères gros comme des oranges.

Cette fois, il n'avait plus le choix : s'il n'arrêtait pas définitivement de boire, c'était la mort assurée. Tous les concerts qu'il devait donner furent annulés.

« *J'ai commencé à boire à l'âge de quinze ans. L'alcool est un cercle vicieux, plus on boit, plus on a envie de boire... En fait, vicieux n'est pas le mot, je ne connais rien de plus agréable que la boisson... Hormis mon hospitalisation, le premier déclic m'est venu un jour, lors de cette tournée aux États-Unis, quand je me suis rendu compte que j'étais si saoul que je ne pouvais même plus prendre un avion et réserver une chambre d'hôtel. Je ne savais plus où j'étais, ni qui j'étais. Quand, à trente-cinq ans, on en arrive là, c'est triste. Vraiment triste. Cela dit, je ne veux pas jouer les prédicateurs ou les autorités morales. Je n'ai pas à dire aux gens ce qu'ils ont à faire, s'ils doivent boire ou non. Autrement, je ne verrais plus personne, il me faudrait rompre avec la plupart de mes amis ! Je ne veux, je ne peux parler que pour moi. Je ne bois plus, et je ne boirai plus jamais* [1]. »*

Une déclaration qui remonte à 1987... D'ici là, durant six longues années, il lui faudra encore se battre contre ce dernier démon. Il avait exorcisé celui de la

---

1. *Eric Clapton in his own words, op. cit.*

drogue au prix d'atroces souffrances. Ne restait plus qu'à venir à bout de sa dépendance à l'alcool.

*
* *

La salle était blanche et froide. Le carrelage reflétait la lumière des néons. Ça sentait le médicament, l'angoisse, la mort annoncée. Une quinzaine de personnes, des hommes et des femmes, des jeunes et des vieux, étaient assis sur les bancs de métal. Tirant fébrilement sur sa cigarette, Eric Clapton vint se joindre à eux. Silencieux, il dévisageait, un à un, les membres de la triste assemblée. Soudain, un garçon et une fille, qui ne devaient pas avoir plus de dix-huit ans, se précipitèrent vers lui.

— Vous êtes Eric Clapton ?

— Oui, répondit-il.

— Et qu'est-ce que vous faites là ?

— La même chose que vous : j'essaye d'arrêter de boire.

Ils portaient tous deux des tee-shirts à son effigie.

— Vous venez vraiment aux réunions des alcooliques anonymes ?... demanda la fille, incrédule.

— Eh oui ! sourit Slowhand. Le foie des guitaristes n'est pas plus résistant que celui des gens qui viennent les écouter...

Comme les autres, Eric Clapton parla des raisons qui l'avaient poussé à boire.

Comme les autres, il se promit de ne plus succomber.

Comme les autres, dès la réunion terminée, il alla chercher l'oubli dans le bar le plus proche. Oublier qu'il buvait ; oublier, surtout, que d'autres buvaient à cause de lui.

Ces quelques séances lui permirent de réduire sa consommation : il était auparavant ivrogne invétéré, il demeura alcoolique.

C'était peu.

C'était déjà beaucoup.

Jour après jour, semaine après semaine, mois après mois, Eric Clapton se refaisait une santé. Il en avait besoin : le 22 avril 1980, il s'était retrouvé une nouvelle fois sur un lit d'hôpital, suite à un accident de voiture… Sa maladie, non contente d'avoir sabordé la tournée de promotion de son dernier album, *Another ticket*, l'avait relégué au rang des vieilles gloires. On ricanait dans son dos, on pensait qu'il avait tout donné et qu'il ne lui restait plus rien à dire.

On se trompait.

En septembre 1981, le producteur Martin Lewis décida d'organiser un concert de soutien à l'association Amnesty International. Il avait l'accord de Sting, le chanteur de Police, de Phil Collins et de Donovan.

« Pour ce concert, je rêvais d'avoir Eric Clapton qui était un de mes héros, expliqua Martin Lewis. *Je parvins enfin à le joindre au téléphone. Il était d'accord pour participer au show, mais demanda s'il était possible d'amener un ami avec lui. Je n'osais refuser, me demandant de qui il pouvait bien s'agir. En fait, il voulait venir avec Jeff Beck, son plus grand rival, celui qui l'avait remplacé au sein des Yardbirds. J'ai accepté immédiatement ! »*

Eric Clapton était de retour et voulait que ça se sache. Quelle plus belle façon de le démontrer que de se frotter à un autre magicien de la six cordes ?

Le 9 septembre 1981, l'acteur John Cleese, l'un des célèbres Monthy Python, pouvait annoncer :

– *Ladiiiiies and gentlemeeeeen, these are Jeff Beck and Eric Clapton !*

Là, sous les yeux ébahis de Sting et Phil Collins, qui n'étaient pas encore les vedettes que l'on connaît aujourd'hui, les deux vieux chevaliers montèrent sur scène, prêts à croiser le fer.

Pour la première escarmouche, ils avaient choisi un terrain neutre : *'Cause we ended as lovers*, de Stevie Wonder. Un instrumental à la mélodie lancinante, au cours duquel Jeff Beck prit indéniablement l'avantage. Le son de sa Fender Telecaster était si brillant, si perçant et si magistralement maîtrisé, qu'on eut un temps l'impression que le dieu à la main lente était en train de perdre pied.

Un peu mis à mal par son confrère, Eric Clapton n'avait d'autre choix que de se reprendre... La foule applaudissait encore lorsqu'il plaqua nerveusement les premiers accords de *Further on up the road...* Il en fallait plus pour désarçonner Jeff Beck, dit El Becko, qui s'empressa d'emboîter le pas à son adversaire. Les solos de guitare fusaient. Souples et virevoltants chez Beck ; incisifs et incandescents chez Clapton.

Derrière, le groupe avait peine à suivre.

Ne laissant même pas au public le temps de reprendre son souffle, Slowhand attaquait aussitôt sur le riff d'introduction de *Crossroads*, tandis qu'El Becko lui lançait quelques notes ravageuses en plein visage. Une fois encore, le duel fut acharné, les deux hommes se déchiraient les doigts sur leurs cordes, tout en se guettant du coin de l'œil, histoire de voir qui flancherait en premier.

Ils tinrent bon tous les deux. Pas question que l'un laisse l'avantage à l'autre... Le public était là pour le nouveau retour d'Eric Clapton. Il fut triomphal.

La bête avait été mise à mal, mais elle était encore capable de mordre.

Méchamment.

Quand les deux hommes arrivèrent en coulisses, couverts de sueur, vidés, les oreilles sifflant encore de l'ovation qui venait de les saluer, ils s'étreignirent longuement...

– Heureux de constater que tu es toujours vivant... sourit Jeff Beck, en donnant une claque vigoureuse sur l'épaule de son ami.

Le dieu à la main lente était si vivant qu'il repartit illico en tournée. Il démontra tout d'abord à son public japonais qu'on l'avait peut-être enterré trop vite, et donna ensuite une longue série de concerts aux États-Unis.

Mais, une fois de plus, Eric Clapton était allé au bout de ses forces. Sa santé était si précaire, qu'il dut retourner à l'hôpital.

« *Je n'arrivais pas à me guérir de mon alcoolisme chronique. Le plus rude à supporter avec les médecins est qu'ils n'hésitent pas à vous dire la vérité en face, brutalement. Ils n'étaient pas comme les gens qui m'entouraient habituellement, qui buvaient avec moi. Eux m'affirmaient : "Vous êtes un alcoolique, monsieur Clapton, un malade !" Je ne savais plus où j'en étais. Bien sûr, j'allais mieux qu'avant, je buvais moins, mais j'étais toujours heureux de boire. Et parfaitement terrifié à l'idée de devoir arrêter un jour* [1]. »

1. *Eric Clapton, the new visual documentary, op. cit.*

BIBLIOTHÈQUE
ST-NORBERT

Pour ne pas sombrer, il fallait travailler, il travailla donc. *Another ticket* s'étant piètrement vendu, Eric Clapton devait, au plus vite, préparer un nouveau disque. C'est ainsi que l'enregistrement de *Money and Cigarettes* débuta en septembre 1982 aux Compass Point Studios de Nassau.

Les premiers jours furent des plus pénibles. Las de ses perpétuelles sautes d'humeur et de ses beuveries, ses musiciens étaient de moins en moins motivés.

Tristes journées... « *Je savais bien que le feeling n'était plus au rendez-vous. Nous ne faisions rien de bon. Ils en étaient aussi conscients que moi. La paranoïa régnait en maître dans le studio. Sur les conseils de Tom Dowd, mon producteur, j'ai dû me résoudre à me passer de leurs services. Tom m'a ensuite présenté Roger Hawkins et Donald « Duck » Dunn, respectivement batteur et bassiste. Le premier jour, nous avons répété* Crosscut Saw, *un vieux standard d'Albert King. Avec eux, j'ai retrouvé le plaisir de jouer de la guitare. Mais ils étaient si bons que j'ai compris qu'il me fallait travailler pour qu'ils n'aient pas honte de moi. Travailler, travailler encore... Ça m'a fait le plus grand bien* [1] *!* »

Eric Clapton devait démontrer à Roger Hawkins et Donald « Duck » Dunn qu'il pouvait encore tenir son rang. Il y parvint. Quand il apprit que Ry Cooder, vénérable gloire de la guitare californienne, serait de la partie, il n'avait plus le choix. Il lui fallait se démettre ou se mettre à niveau.

Eric Clapton choisit la seconde solution.

Il n'eut pas tort. À défaut d'être l'album de la renaissance, *Money and Cigarettes* fut celui de la séré-

---

1. *Eric Clapton in his own words, op. cit.*

163

nité retrouvée. Parce qu'il s'était attaqué à aussi fort que lui, si ce n'est plus, le vieux Slowhand comprit qu'on ne pouvait trop longtemps vivre à crédit sur une gloire fanée.

Les océans changent.
La mer ne sera pas toujours aussi bleue.
Regarde-moi bien, ma douce :
Moi aussi, j'ai changé
Tout le monde a le droit,
De changer de temps en temps.
Que ce soit trop tôt ou trop tard,
Sur cette terre où l'on se sent si seul.
J'ai changé de costume et de chemise.
Il le fallait.
Je devais me débarrasser,
De toute cette boue.

Cette chanson *Everybody oughta make a change*, la première de *Money and Cigarettes* était plus qu'explicite quant à l'état d'esprit de son auteur.

Il voulait à tout prix changer de vie.

Malgré son entourage.

Malgré Patti Clapton…

J'ai emmené ma douce à un spectacle,
Elle ne voulait pas y aller.
Je lui ai dit : bouge-toi, fillette, quel est ton
                                        [problème ?
À son haleine,
Je savais qu'elle en avait déjà bu quelques verres.
Je lui ai dit : tiens-toi bien, ne te saoule pas trop,
Tu as commencé tôt,

164

En oubliant la nuit qui nous tend les bras.
Calme-toi, ce n'est pas la peine que le monde entier,
Sache dans quel état tu es…
Eh oui ! Ma douce aime le vin.
Qu'il soit rouge ou blanc,
Elle en boit comme jamais je n'en ai bu.
Maintenant, je ne veux pas te sermonner.
Je pourrais tout aussi bien m'occuper de mes affaires,
Mais je t'aime, ma douce.
Toi, et personne d'autre.
Je te dis cela,
Parce que tu es ce que je fus…

Les mots sont cruels, mais révélateurs : Eric Clapton voulait s'en sortir. Après cette chanson, *The shape you're in*, il poursuivait sur *Ain't going down* :

Rien n'est vraiment grave : nous sommes encore
[vivants.
Je ne crois plus à la chance : je ne veux que
[survivre.
Chaque mouvement, chaque geste,
Est une bénédiction.
Je suis lent, mais je finis toujours par apprendre.
Et plus jamais je ne sombrerai.
Je pourrais rester assis, à regarder passer la vie.
Assis devant la télévision, à lire des livres.
Mais je n'en ai plus le temps, je ne saurais vivre
[ainsi.
Je dois me surpasser, je n'ai pas encore tout donné.
Et plus jamais je ne sombrerai.

Tout était dit.

Money and Cigarettes fut une indéniable réussite artistique. Un bel album de guitaristes où Ry Cooder et Albert Lee firent aussi merveille. Salué par la critique, il fut un rien boudé par un public nostalgique des prouesses musicales de jadis. Les fans qui se faisaient vieux regrettaient l'époque de Cream et des Bluesbreakers. Les jeunes eux, se tournaient vers d'autres musiques. Les punks étaient passés par là. Iconoclastes, ces garnements aux cheveux verts avaient jeté le bébé, l'eau du bain, et la baignoire avec. En ce début des années quatre-vingt, certains écoutaient Police, Michael Jackson ou Supertramp. D'autres, plus snobs, ne juraient plus que par la new-wave, ces Joe Jackson et Elvis Costello aux coiffures proprettes et aux petits costumes d'expert-comptable.

C'est en ricanant qu'on parlait des Rolling Stones, des Neil Young, des... Eric Clapton.

Cruel revers du destin : au moment où le dieu à la main lente était revenu au faîte de son art, il n'intéressait plus personne.

La drogue et l'alcool n'avaient pu le terrasser.

La mode risquait de s'en charger...

Dans sa maison de disques, les commerciaux le regardaient de travers. Si *Money and Cigarettes* n'avait pas assez bien marché, c'est qu'il était trop « traditionnel », pas assez attentif à l'air du temps.

Une fois de plus, il lui fallait se remettre en question.

Le 1er février 1983, Eric Clapton donna le coup d'envoi d'une nouvelle tournée mondiale qui ne s'acheva qu'en août. Entre-temps, il avait prêté main forte à Ringo Starr en enregistrant une chanson au titre de circonstance : *Tout le monde est pressé, sauf moi...*

166

Il participa également au nouvel album de Christine McVie, une des chanteuses du groupe Fleetwood Mac, où avait officié Peter Green [1], un ancien des Bluesbreakers de John Mayall. La chanson se nommait... *The Challenge* !

Premier challenge, Eric Clapton se rasa la barbe.

Second challenge, il entra en studio avec Roger Waters, le leader du Pink Floyd, encore auréolé du succès mondial de son dernier album : *The Wall*. Ensemble, ils enregistrèrent *The Pros and Cons of hitch-hiking*, disque un rien ésotérique, passablement soporifique, mais qui eut le mérite de lui gagner un autre public.

« Je n'avais encore jamais joué une telle musique. Je me sentais, comment dire... décalé. Mais je ne regrette pas. Ne plus avoir la responsabilité d'un groupe équivalait à des vacances. Ne pas devoir me mettre perpétuellement en avant m'a également aidé à reprendre contact avec la réalité. J'ai une nette tendance à l'égocentrisme, travailler avec Roger m'a fait le plus grand bien. Ma seule préoccupation était de m'intégrer dans le groupe et de me débrouiller pour que l'ensemble ne sonne pas trop mal [2] ! »

Le chanteur Ronnie Laine lui donna ensuite l'occasion de toucher un autre public : celui qui assista à trois concerts donnés en septembre et décembre 1983, pour financer la recherche sur la sclérose en plaques.

1. Peter Green, qu'Eric Clapton devait revoir bien plus tard, avait eu une vie des plus mouvementées. Emprisonné le 26 janvier 1977 pour avoir tiré au revolver sur un postier venu lui apporter un chèque de royalties, il devint ensuite employé de cimetière et portier d'hôpital...

2. *Eric Clapton in his own words, op. cit.*

Une fois n'était pas coutume, Eric Clapton accepta que son nom figure sur l'affiche. Le premier concert eut lieu au Royal Albert Hall de Londres. Ronnie Laine veilla à ce que Slowhand soit bien entouré. Quelques vieux compères pour commencer : Stevie Winwood et Chris Stainton aux claviers, les Rolling Stones Charlie Watts et Bill Wyman à la batterie et à la basse. Pour finir, il avait demandé à Jeff Beck et Jimmy Page, le guitariste de Led Zeppelin, de venir se mesurer avec lui. Cette prestation fut grandiose. Les deux autres, données au Cow Palace de San Francisco, le furent plus encore, Joe Cocker les ayant rejoint pour un *With a little help from my friends* mémorable.

Eric Clapton était à un tournant crucial de sa carrière. Persuadé que sa musique avait besoin de sang neuf, il demanda à Phil Collins, sacré vedette internationale grâce à *In the air tonight*, de produire son prochain album. Depuis des années, Phil Collins, un petit chauve tout en rondeurs, était l'un de ses plus fervents admirateurs. Pour lui, travailler avec le dieu à la main lente n'était pas qu'une simple opportunité professionnelle, mais le rêve d'une vie.

« *Pour être honnête, se souvient Eric Clapton, je n'étais pas très fan de Genesis. Mais ça, c'était avant que je ne me rende compte du talent de Phil Collins... Plus qu'un son déterminé, nous avons cherché une ambiance. Nous voulions aussi que l'album reflète les diverses facettes de ma musique. Je savais que je n'aurais aucun mal à travailler avec lui, Phil est un homme au caractère facile. Nous nous sommes très bien entendu et sommes même devenus d'inséparables amis* [1]. »

1. *Op. cit.*

Il n'en alla pas de même avec la maison de disques, comme l'expliqua Phil Collins : « *J'avais jugé les deux derniers albums d'Eric Clapton un peu fades à mon goût. Le son était trop sage. Ça devait être aussi son avis, puisqu'il m'a demandé de le produire. C'était une occasion inespérée de redonner un peu de nerf à ce qu'il faisait et de lui permettre de revenir sur le devant de la scène. Il avait déjà écrit quelques superbes chansons. Ayant à peu près réglé ses problèmes de boisson, il jouait et chantait mieux que jamais. Quand nous avons achevé cet album,* Behind the sun, *je me suis dit : "Ça y est, c'est l'Album !" Malheureusement, son manager m'a prévenu que Warner, la maison de disques, n'était pas satisfaite, jugeait que le disque manquait de tubes en puissance... Il fallait retourner en studio pour enregistrer d'autres titres ! J'en aurais pleuré. Eric était fou de rage... Nous nous sentions découragés* [1]. »

Découragé certes, mais n'ayant pas le choix. Eric Clapton prit le premier avion pour Los Angeles pour enregistrer les trois « tubes » en question. Il s'agissait de chansons d'un artiste texan, Jerry Lynn Williams. Les gens de la Warner n'avaient pas complètement tort : *Forever Man* fut un énorme succès qui permit au vieux Slowhand de faire son premier clip vidéo.

« *Faire une vidéo allait contre ma nature. Ce n'était qu'une concession de plus à l'industrie du disque. J'ai toujours pensé que tous ces clips sont nauséabonds, grossiers et de mauvais goût. Ça a retiré tout son mystère à la musique. Maintenant, il suffit d'allumer la télévision pour voir tous ces types vous brailler au*

1. *Eric Clapton, the complete recording sessions, op. cit.*

visage. Pour moi, écouter de la musique, c'est fermer les yeux et se faire ses propres images [1]. »

Behind the sun se vendit très bien.

Les gens de la Warner étaient contents.

Phil avait tout fait pour. Un peu trop, même : la guitare d'Eric Clapton, nappée de synthétiseurs, noyée dans une batterie omniprésente, avait perdu de son intensité. Ne demeuraient que deux morceaux, *Same Old Blues* et *Just like a prisoner*, pour nous rappeler que God Slowhand n'était pas tout à fait mort, tombé au champ de déshonneur des radios FM.

Les inconditionnels du blues, le carré des fanatiques y virent une « trahison ». Le mot était fort, injuste. *Behind the sun* n'était tout simplement pas fait pour eux, mais pour un public plus large. Eric Clapton s'était mis aux clips vidéo ; il accepta aussi de rompre avec une formule qui lui était chère : le petit groupe de musiciens fidèles, qu'il emmenait en tournée et dans les studios. *Behind the sun* était un album à l'américaine, pour lequel Warner avait convoqué la crème des musiciens : Ray Cooper, le percussionniste d'Elton John ou Jeff Porcaro, du groupe Toto, le pianiste Greg Phillinganes et le bassiste Nathan East. Il n'en avait pas pour autant oublié les vieux complices, le batteur Jamie Oldaker, le pianiste Chris Stainton et la charmante Marcy Levy qui officiait à nouveau dans les chœurs.

La stratégie était roublarde, mais efficace.

Des adolescents qui n'avaient jamais entendu parler de Cream ou des Yardbirds découvraient, ébahis, l'existence d'Eric Clapton.

1. *Eric Clapton in his own words, op. cit.*

Le 13 juillet 1985, tous les petits Terriens avaient les yeux rivés sur leurs écrans de télévision. En duplex de Londres et de Philadelphie, la planète showbiz s'était mobilisée pour venir en aide à l'Éthiopie, alors en proie à une terrible famine.

Les vedettes du rock'n'roll, gloires fripées ou stars du moment, s'étaient donné rendez-vous sur les scènes immenses du Wembley Stadium et du J.-F. K. Stadium. À Londres, on avait entendu Queen et Dire Straits ; à Philadelphie, Boy George et Duran Duran.

Ce fut ensuite le tour d'Eric Clapton d'affronter la multitude des spectateurs américains. Le stade était noir de monde. De chaque côté de la scène, des écrans vidéo géants diffusaient des gros plans des artistes. Des dizaines de caméras retransmettaient l'événement dans le monde entier.

Le dieu à la main lente apparut bronzé, en pleine forme, vêtu de blanc, la guitare pointée vers le public. Et quel public ! À gauche, à droite, devant… la foule s'étendait à perte de vue. Depuis vingt ans qu'il écumait le globe, il en avait vu du monde. À ce point, jamais. Il hésita un instant, sachant bien que la majeure partie du public entassé sur les gradins ou scotché devant la télévision n'avait jamais entendu parler de lui. Ou alors, il y avait si longtemps…

Il fallait se lancer.

Eric Clapton se lança.

Comme si sa vie en dépendait, il arracha les premiers accords de *White Room* à sa Fender Stratocaster. Une chanson qui remontait à l'époque de Cream.

Dans l'assistance, on se disait :

– C'est qui çui là ? C'est bien ce qu'il joue, même si on ne connaît pas.

Dans la foulée, il enchaîna sur *She's waiting*.

Ça, les gens connaissaient. C'était passé à la radio.

Finalement, Phil Collins, tout en trahissant la légende, lui avait permis de survivre.

Lorsque Eric Clapton joua l'introduction de *Layla*, la foule des spectateurs, des téléspectateurs, était conquise.

En trois morceaux, Slowhand, la star du blues, était devenu une star tout court.

VIII

LA MORT INTÉRIEURE

*C'est peut-être à mes compromissions
que je dois ma popularité. Mais cette
popularité est aussi le résultat d'un désir
acharné de continuer à jouer, quoi qu'il
arrive. Tous mes fans les plus fidèles
répètent sans arrêt la même phrase : « Le
vieux Slowhand n'arrêtera jamais. »*

Après l'apothéose du J.-F. K. Stadium, Eric Clapton, infatigable, donna une dizaine de concerts aux États-Unis durant lesquels Carlos Santana et Lionel Richie vinrent le rejoindre sur scène.

En août 1985, pour la première fois depuis long-temps, il décida de s'accorder un mois de vacances et de continuer à remettre sa vie en ordre. Depuis la terrible alerte de 1981, il était toujours en proie à un alcoolisme latent, alternant périodes de sobriété et d'éthylisme. Mais sa consommation n'avait plus rien à voir avec celle du passé. Ce n'était pas le cas de son épouse.

« *À cette époque, j'étais parvenu à ne plus boire. Ce qui m'avait rendu très dogmatique sur le sujet. Patti, elle, n'avait pas arrêté. Elle aimait vraiment ça. J'ai commencé à devenir très strict avec elle, très intolérant, à avoir des mots méchants. Pour finir, j'ai décidé de ne plus l'emmener avec moi en tournée. Nous n'avions plus grand-chose en commun. Il n'y avait d'autre issue que la séparation. Je suis heureux qu'elle se soit faite à l'amiable. Nous sommes restés les meilleurs amis du monde* [1]. »

Un divorce d'autant plus inévitable qu'un jeune mannequin italien, Lori del Santo, allait se trouver enceinte des œuvres d'Eric Clapton ! Il voulait à tout prix avoir des enfants ; Patti, stérile, ne pouvait lui en donner…

« *Un temps, j'ai cru possible de tout mener de front : Patti, Lori et mon fils, Conor, comme dans une pièce de boulevard. Je pense que ça aurait fini par rendre fou l'un de nous quatre. Moi le premier, probablement* [2] ! »

*
* *

21 décembre 1985, Limehouse Television Studios, Londres.

1. *Eric Clapton in his own words, op. cit.*
2. *Op. cit.*

174

Les quelques dizaines de spectateurs entassés sur les gradins avaient les yeux rivés sur le plateau. L'affiche était alléchante, ils en salivaient à l'avance.

On connaissait le Clapton, maître de blues, précurseur en psychédélisme, vulgarisateur du reggae. On allait découvrir le Clapton rocker. En effet, Carl Perkins à qui l'émission était consacrée, l'auteur de l'immortel *Blue Suede Shoes*, avait exigé de jouter avec le dieu à la main lente. Pour lui prêter main-forte, le musicien Dave Edmunds, organisateur de l'émission, avait fait appel à deux Beatles, Ringo Starr et George Harrison. Étaient également de la partie : le batteur Lee Rocker et le bassiste Slim Jim Phantom des Stray Cats, le groupe qui avait réhabilité le rockabilly au début des années quatre-vingt, Earl Slick, guitariste de David Bowie et quelques autres couteaux de moindre importance.

À cinquante-trois ans, Carl Perkins, bon pied bon œil, avait le sourire éclatant et une crinière bouclée de couleur poivre et sel. Il entama le set par un *Matchbox* échevelé. George Harrison se risqua à quelques chorus de guitare. Carl Perkins, pas très chaud pour se laisser déborder par d'insolents jeunots, renvoya rapidement l'ex-Beatle dans les cordes. Eric Clapton observait le duel, en retrait, attendant *Mean Woman Blues* pour se manifester... S'étant jusque-là cantonné à une rythmique discrète, il lâcha soudain un solo flamboyant. Bref, mais définitif. Comme s'il avait passé sa vie à jouer du rockabilly.

Le vieux rocker, admiratif, faillit en avaler sa guitare.

Quand Blackie eut craché une ultime rafale de notes torrides, Carl Perkins se tourna vers le public :

– Plus de trente ans de métier pour écouter ça ! Je vous présente Eric Clapton. Il joue trop bien ! Il devrait y avoir des lois pour interdire des musiciens comme lui ! Je vous demande de l'applaudir...

Une heure plus tard, le concert se terminait sur un *Blue Suede Shoes* étincelant.

Dans les travées, sur les gradins, les spectateurs dansaient à en perdre le souffle.

*
* *

Le 4 novembre, la BBC diffusait un feuilleton policier en six épisodes : *Edge of Darkness*. Une série de grande qualité au climat envoûtant, qui battit des records d'audience. La bande originale était signée Eric Clapton. Une musique délicate, toute en nuances, emmenée par une guitare plus subtile que jamais. Cette incursion dans le domaine cinématographique lui ouvrait de nouveaux horizons, et lui permit surtout de décrocher un trophée, équivalent britannique de nos Sept d'or.

Interviewé par une chaîne de télévision anglaise, Pete Townshend évoquait cet enregistrement :

« *Comme toujours dans le cinéma, c'était le bordel. On avait collé Eric dans une pièce où il devait jouer tout en regardant défiler les images du feuilleton. Au lieu de lui foutre la paix, il y avait tous ces gens qui couraient dans tous les sens en faisant un putain de raffut. "Hé ! t'as pas vu machin ?" "Si, si, il était avec truc à l'instant !" "Ces cafés, ils arrivent ? Ou il faut que je les fasse tout seul ?" Vous voyez le genre ? Le*

176

ballet des assistantes de production et des bons à rien... Pendant ce temps-là, mon Eric, sérieux comme un pape, enregistrait sa musique. Je n'en croyais pas mes yeux. Moi, avec mon bon caractère, j'aurais déjà piqué une crise depuis longtemps ! Pas lui. Le pompon, c'est que la première prise était la bonne ! Pas une note à rajouter. À vous dégoûter de faire de la musique [1]. »

Pour la Warner, Eric Clapton était encore en observation. S'il n'était plus le has-been d'autrefois, on estimait en haut lieu qu'il lui fallait encore faire ses preuves. C'était injuste, méprisant, mais finalement compréhensible d'un point de vue commercial.

Il était condamné au succès.

« *La nature de mes disques peut varier selon les gens qui travaillent avec moi. Je suis influencé par de nouveaux systèmes de pensée, de langage, d'autres directions musicales. Pour être franc, je reconnais m'être parfois "vendu". J'ai dû admettre le fait que pour durer, il fallait plaire... Ça rend la vie plus*

---

1. Eric Clapton avait pris goût au cinéma. Après la bande originale de *Edge of Darkness*, il signa celle de la série des trois *Arme fatale*, de *Homeboy* et de *Rush*. Une carrière parallèle qui lui apporta un surcroît de popularité, grâce à des hits tels que *It's probably me* (*Arme fatale III*) ou *Tears in heaven* (*Rush*). Eric Clapton, estimant n'être pas assez compétent en la matière, se fit souvent aider par le compositeur Michael Kamen qu'il avait connu lors de l'enregistrement de l'album de Roger Waters, *The Pros and Cons of hitch-hiking*. Lorsque Michael Kamen fut chargé de la musique de *License to kill*, le dernier James Bond en date, il demanda à Slowhand d'en interpréter le fameux thème autrefois composé par Monty Norman. Pour d'obscures raisons de droits, ce morceau ne vit jamais le jour. Dommage pour les fans de l'agent 007. Et ceux d'Eric Clapton.

facile ! Quand je m'entends tenir de tels propos, j'en suis le premier gêné, mais c'est la vérité. Je me souviens des incidents avec la Warner, lors de l'enregistrement de Behind the sun. *Là, j'ai compris que le syndrome Peter Pan – je suis jeune et je fais ce qu'il me plaît de faire – était fini pour moi. Ils venaient de mettre Van Morrison à la porte de façon très cavalière. Dans notre milieu, l'affaire avait fait grand bruit. Je me suis rendu compte que ce qui était vrai pour lui l'était aussi pour moi. On me faisait comprendre que je n'étais plus dans le coup. Ça m'a fichu un sacré coup de vieux* [1] *!* »

À la lumière de cette confession, comment juger ce nouveau disque, *One more car, one more driver*, finalement baptisé *August*, le mois où naquit le petit Conor ?

Avec une coupable indulgence.

Non que ce nouvel *opus* soit foncièrement mauvais, il était simplement fait pour plaire.

Il plut.

Il se vendit même au-delà de toute espérance, mieux, bien mieux que ses précédents albums.

Il était produit par Phil Collins et ça se sentait : impossible de l'écouter sans marcher sur un riff de cuivres, une boîte à rythmes ou une flaque de synthétiseurs. *August* sentait la funk-music, la radio FM, le lisse, le lustré, le propre. Poissait sous la langue, tel un morceau de réglisse éventé.

Eric Clapton donnait dans l'air du temps.

Il n'y avait aucune raison de lui en vouloir.

Il n'y en avait pas plus de le féliciter.

1. *Op. cit.*

Cette escapade mercantile, entamée avec *Behind the sun*, conclue sur *August*, ses fans la mirent sur le compte de Phil Collins, estimant que leur idole n'aurait su faillir et que la faute venait d'ailleurs.

« *Ceux qui disent que ces deux albums sont ceux de Phil Collins se trompent ou n'ont pas pris le temps de les écouter. J'y ai participé autant que j'ai pu, mais pas dans un esprit de compétition. Je préfère que les gens travaillant avec moi aient tout loisir de s'exprimer. Je ne suis pas là pour faire appliquer je ne sais quelle loi divine* [1]. »

On ne saurait mieux dire. Eric Clapton avait laissé à Phil Collins toute latitude pour s'exprimer. D'où cet étrange mélange de mélodies aseptisées, d'arrangements impersonnels sur lesquels venait se greffer la guitare de Slowhand. Pourtant, de ce marasme artistique, de ce triomphe commercial, émergeait une chanson : *Holy Mother*. La plus belle de l'album – ou la seule écoutable, au choix –, dédiée à son ami Richard Manuel, le pianiste du Band, trouvé pendu dans sa chambre.

À croire qu'Eric Clapton n'enfantait que dans la douleur et le chagrin…

Fort des ventes d'*August*, d'une santé moins défaillante, Eric Clapton n'était plus le barbu dépenaillé d'autrefois. Coupe de cheveux soignée, barbe méticuleusement taillée, costumes achetés chez Giorgio Armani, le célèbre couturier italien, c'est de cette période que date sa réputation de bluesman de luxe.

Quelques années plus tard, Phil Collins se lamentait dans la presse : « *On se moque de moi parce que je*

---

1. *Eric Clapton, the complete recording sessions, op. cit.*

fais des chansons sur les sans-abri, mais on ne reproche pas à Eric de jouer le blues en costume à 5 000 livres l'unité. » Eric Clapton, loin de trahir l'esprit du blues, ne faisait que l'honorer. De tous les musiciens, les jazzmen et les bluesmen avaient toujours été les plus élégants, mettaient autant de recherche dans la coupe de leurs costumes que dans celles de leurs chorus de guitare et de saxophone. Pour bien jouer, il fallait d'abord en jeter plein la vue... Avoir le pli du pantalon artistiquement cassé sur les chaussures deux tons, que la dernière paire de lunettes noires à la mode ne vienne pas déranger la nouvelle coupe de cheveux, que la pochette soit assortie au bleu de la musique et de l'instrument...

Sortant de sa réserve, Eric Clapton sortait maintenant dans le grand monde.

Lequel se l'arrachait.

Ainsi le vit-on, le 20 juin 1986, au Prince's Trust 10th Birthday, concert organisé par l'une des nombreuses fondations du prince Charles, destinée à aider financièrement de jeunes gens talentueux, mais désargentés.

Touchant spectacle. D'un côté, les vedettes qui étaient rompues à ce genre d'exercice : Paul McCartney, Mick Jagger, David Bowie, pas gênés des accolades de l'héritier de la couronne d'Angleterre, et très à l'aise pour baiser la main princière de lady Diana. De l'autre, un Eric Clapton hésitant, gauche, qui avouait aux journalistes son inexpérience en la matière.

Ce concert donné au Wembley Arena de Londres avait de quoi désorienter ses vieux fidèles. Toujours talentueux mais pas vraiment à l'aise, on le vit donner la réplique à Paul Young, George Michael, Bryan

Adams et quelques autres célébrités promenant leurs brushings dans les hit-parades. Pas de blues, mais un duo avec Tina Turner... Une prestation décevante : le dieu à la main lente avait-il renié ce pour quoi il avait toujours vécu ?

Le 9 juillet 1986, on comprit que non.

Invité au Festival de jazz de Montreux, il donna un concert éblouissant. Mieux, ayant appris qu'Otis Rush, l'un de ses maîtres, était au creux de la vague, Slowhand exigea de partager l'affiche avec lui.

*

* *

La nuit helvétique, fraîche, embaumée de mille senteurs, était tombée sur l'arène. Dans une gerbe de lumière, Otis Rush, le cacochyme bonhomme, apparut, tenant sa guitare comme un canon. Pas de doute... À la façon dont il fracassa *Don't know what love is*, *Let's have a magic ball*, l'ancêtre était toujours en forme. Alors qu'il commençait *Crosscut Saw*, Eric Clapton arpentait déjà la scène. Otis Rush brailla dans le micro :

– *These is Eriiiiiiiic Claaaaaaapton !*

Otis Rush voulait se montrer digne de l'opportunité que lui avait offerte Slowhand. Pour ce dernier, il s'agissait de ne pas déchoir et de supporter la comparaison. Les deux hommes s'affrontèrent le temps de trois morceaux. Rivalisant d'audace et de dextérité.

– Plus fort, Eric, je veux t'entendre ! éructait Otis Rush.

Pour toute réponse, le dieu à la main lente faisait hurler Blackie. Quelques minutes plus tard, Luther

Allison vint les rejoindre. La compétition était rude. La guitare d'Allison rugissait, tel un fauve en fureur, entraînait ses deux compagnons.

– Merci, Otis, de me laisser jouer le blues ! À toi Eric, *you are the one* ! s'exclama-t-il devant une foule ravie.

Les solos de guitare s'entremêlaient, tissant un véritable mur sonore. Sur *Caledonia*, la chanson suivante, ce fut au tour d'un autre bluesman de les rejoindre : Robert Cray.

Concert aujourd'hui mythique dont on aurait voulu qu'il ne finisse jamais [1]...

Le lendemain, Eric Clapton se produisait à nouveau sur la scène de Montreux, flanqué de Phil Collins à la batterie, de Nathan East à la basse, de Greg Phillinganes aux claviers.

La soirée fut incendiaire. Ouverte sur un *Crossroads* magistral, elle continua sur quelques vieux titres de Cream, d'autres issus d'*August*, et se conclut avec Robert Cray sur un *Further on up the road* en forme de feu d'artifice.

Eric Clapton avait fait quelques menues concessions à ses employeurs. Il démontra qu'il était aussi capable de jouer le blues comme autrefois. Le grand public célébrait la naissance d'une star « nouvelle » ; ses fans constataient avec plaisir qu'il n'avait rien renié de ses origines musicales.

D'ailleurs, quel crime avait-il commis, si ce n'est celui de vouloir survivre ? Sur une vingtaine d'albums, il avait cédé par deux fois, sacrifiant à d'inévitables

---

1. Les petits malins peuvent malgré tout l'entendre sur un coffret pirate d'anthologie (3 CD). Chut ! On ne vous a rien dit.

contingences commerciales. S'il y avait un homme apte à comprendre cette démarche, c'était Prince, le petit génie de Minneapolis. Un mètre vingt de talent grimpé sur des escarpins à talonnettes, Roger Nelson, dit Prince, avait lui-aussi été nourri au blues dès son plus jeune âge. Il l'avait réinterprété à sa façon, enrichi de rythmes funk, de cuivres, de rap, d'énergie brute. Prince, à l'instar d'Eric Clapton, était capable de transcender le blues, de le mêler à d'autres musiques pour mieux l'honorer. Ce n'est pas par hasard que Slowhand à qui l'on posait la question rituelle – sur une île déserte, quel disque emmeneriez-vous ? – répondit : *Purple Rain*, de Prince...

À croire que les deux hommes étaient faits pour se rencontrer. Ils se rencontrèrent.

« Prince est un musicien extraordinaire. Aux États-Unis, j'avais eu l'occasion de me rendre à la première de son film Purple Rain. *J'ai cru que ma tête allait voler en éclats ! Dès que je suis rentré en Angleterre, j'ai bassiné tous mes amis pour leur dire que, là-bas, un type était en train de révolutionner le blues. Un jour, il a fini par venir en Grande-Bretagne. Ici, tout le monde se moquait de lui. Ce n'est pas dans nos habitudes de nous promener entouré d'une légion de gardes du corps. Et alors ? J'ai enfin pu le saluer, un soir où il se produisait dans un club. Nous avons joué un vieux blues d'Al Green :* Can't get next to you. *C'était fantastique. Prince est un garçon charmant, poli, si humble. Pourtant, il est incroyable, il sait tout faire : jouer de la basse, du piano, de la batterie, de la guitare. Cet homme est bon parce que sa musique est bonne. La musique ne ment jamais* [1]. *»*

---

1. *Eric Clapton in his own words, op. cit.*

Poursuivant sur sa lancée, Eric Clapton était décidé à ne pas s'arrêter. Bob Geldof, l'ancien chanteur des Boomtown Rats, lui avait remis le pied à l'étrier en l'invitant à participer au Live-Aid, le concert pour l'Éthiopie, il l'aida sur son album *Deep in the heart of nowhere*. Il avait convié Tina Turner à chanter *Tearing us apart* sur *August*, elle lui rendit la politesse en laissant pleurer sa guitare sur *What you see is what you get*. Il s'était frotté à Carl Perkins, géant du rock'n' roll, c'était maintenant le père de *Johnny B. Good* qui le sollicitait à l'occasion de ses soixante ans de métier.

« Quand je l'ai rencontré, il s'est assis à côté de moi et m'a dit : "Salut, tu es Eric Clapton, je suis Chuck Berry, heureux de faire ta connaissance !" Ensuite, il a braillé à la cantonade "Apportez une caméra, il y a quelque chose d'intéressant à filmer !" C'est à ce moment qu'il a commencé à me poser toutes ces questions... sur lui ! J'apprécie toujours sa musique, même s'il la gâche par une ambition démesurée, une avarice et un égoïsme forcené. Chuck Berry est vraiment un drôle de type. Je n'ai jamais vu quelqu'un d'aussi radin. Je me rappelle qu'à l'occasion des répétitions précédant ce concert, un des musiciens était venu lui emprunter un ampli. Chuck Berry a accepté de le lui... louer ! Devant tant de culot, on ne peut être qu'admiratif. C'est son côté irlandais, j'imagine [1] ! »

Le Rolling Stone Keith Richard, lui aussi partie prenante dans ce *Hail ! Hail ! Rock'n'roll* anniversaire des soixante ans de Chuck Berry, en garda le même souvenir mitigé. Il est vrai que le vieux Chuck, aussi talentueux que mégalomane, était connu pour ses frasques. La plus

---

1. *Eric Clapton, the new visual documentary, op. cit.*

fréquente était celle-ci : au moment de monter sur scène, Chuck Berry menaçait de tout annuler si l'on n'augmentait pas son cachet... Belle opération financière, sachant que, pour limiter les frais, le papa de *Johnny B. Good* ne jouait qu'avec des musiciens amateurs, recrutés sur place au dernier moment. Ce qui explique la qualité plutôt moyenne de ses récentes prestations [1].

Du 10 au 12 janvier 1987, Clapton se produisit au Royal Albert Hall de Londres avec sa nouvelle formation. Il avait cédé aux ukases de Warner, acceptant de réaliser ses deux derniers albums, entouré d'une foule de musiciens. Il ressentait maintenant le besoin de recréer cet esprit de clan qui lui avait si bien réussi. À la basse et aux claviers : Nathan East et Greg Phillinganes, deux orfèvres connus lors des sessions de *Behind the sun*. À la batterie : Steve Ferrone et Phil Collins. À la guitare : le sultan du swing en personne : Mark Knopfler, le leader du groupe Dire Straits.

---

1. Toujours à propos des caprices de stars, impossible de résister au plaisir de conter cette anecdote : 8 septembre 1973, Chuck Berry et Jerry Lee Lewis partagent la vedette de la Fête de l'Humanité. Saoul comme un cochon, Jerry Lee apprend en fin de concert qu'il a joué devant des communistes... Crime inexpiable pour cet homme issu du Vieux Sud ! La légende prétend que l'auteur de *Great Balls of Fire*, bouleversé, sortit un Browning et se mit à tirer à l'aveuglette dans les coulisses, manquant d'arracher à notre affection quelques dignitaires du Parti communiste français. Finalement maîtrisé par le très efficace service d'ordre de la CGT, Jerry Lee Lewis aurait accepté de revenir à des sentiments plus pacifiques. L'histoire n'a rien d'invraisemblable, puisque, le 23 novembre 1976, le forcené du clavier fut arrêté par la police alors que, revolver en main et toujours aussi alcoolisé, il s'apprêtait à prendre d'assaut Graceland, la résidence d'Elvis Presley !

Le Royal Albert Hall était une salle qu'il aimait. Il y avait donné le concert d'adieu de Cream, il se promit d'y revenir jouer chaque année :

« *La plupart de mes albums en public ont été enregistrés dans cette salle. Certains morceaux étaient... superbes, d'autres nettement moins ! Je reconnais être très critique – trop, parfois – vis-à-vis de mes performances sur scène. Je suis un insatisfait chronique, c'est comme ça !... J'avoue aussi être quelqu'un de très routinier. Ce que j'aime avant tout dans ma vie, ce sont mes habitudes. Ça peut paraître ridicule de donner tous ces concerts, chaque année, au Royal Albert Hall. Mais c'est un rituel, je ne vois pas pourquoi je devrais arrêter* [1]. »

Ces trois concerts achevés, Eric Clapton repartait encore en studio.

Retrouver tout d'abord Jack Bruce, l'ancien bassiste de Cream, le temps de deux chansons : *Willpower* et *Ships in the night*,

Il s'en alla ensuite aider Sting pour son album *Nothing like the sun*, avant de rejoindre B. B. King le temps d'un concert exceptionnel et de quatre blues exécutés de main de maître avec Stevie Ray Vaughan, Albert King, Paul Butterfield et Phil Collins.

Le 26 et le 27 avril 1987, il enflammait le Madison Square Garden à New York. Le mois suivant, acompagné de Jeff Lyne, leader de l'Electric Light Orchestra, d'Elton John et de Ringo Starr, il gravait quatre titres pour le prochain album de George Harrison, *Cloud Nine*.

« *Quand Eric Clapton est arrivé dans le studio,* se souvient l'ancien Beatle, *il ne s'était même pas donné*

1. *Eric Clapton in his own words, op. cit.*

186

la peine d'apporter une guitare ou un ampli. Il m'a juste dit : "Si ma mémoire est bonne, tu dois encore avoir une vieille Stratocaster." Il n'avait pas tort, s'agissant d'une guitare qu'il m'avait offerte autrefois ! Il l'a branchée et l'a fait sonner comme moi je n'aurais jamais su le faire [1]*. »*

Quelques jours après, le 6 juin, on le retrouvait encore aux côtés du prince Charles pour un autre Prince's Trust. En même temps, la BBC lui consacrait une série de six émissions. On le vit ensuite donner, sur scène, la réplique à Tina Turner, le temps d'un mémorable *Tearing us apart*. En septembre, il enregistrait une nouvelle version du *After midnight* de J. J. Cale, destiné à la publicité d'une célèbre marque de bière américaine. Et tombait malade, ivre de fatigue… et de brandy.

« *J'ai fait cette publicité pour Michelob alors que j'étais encore alcoolique. Quand la chanson est passée sur les ondes, je suivais un traitement dans un hôpital du Minnesota. Je me souviens m'être réveillé dans une chambre pleine de poivrots sur la voie du repentir. J'étais comme eux, malade, misérable. Quand ils m'ont reconnu, ils m'ont dit : "C'est vraiment vous ?" J'ai répondu : "Ouaip ! c'est moi ! Eric Clapton, et je suis un ivrogne"* [2]*. »*

Cette fois-là fut la bonne. La dernière. Eric Clapton rompit définitivement avec la bouteille. Conor, son fils, allait sur ses deux ans. Il voulait être un père, un vrai père. C'en était fini des frasques du passé. Le dieu à la main lente avait gagné cette ultime bataille contre

---

1. *Eric Clapton, the complete recording sessions, op. cit.*
2. *Eric Clapton in his own words, op. cit.*

la déchéance : il ne toucha plus jamais à la dive bouteille.

Il prit également le temps de vivre, abandonnant la folle cadence des tournées d'autrefois. Le 18 avril 1988, sortait un coffret de quatre CD : *Crossroads*, qui retraçait plus de vingt ans de carrière. La règle veut qu'on attende la mort des groupes pour une telle célébration. Eric Clapton, lui, eut le privilège d'être « statufié » de son vivant.

« *L'idée de sortir le coffret* Crossroads *n'était pas de moi. En général, quand on vient me proposer ce genre de projet, je réponds : "D'accord, allez-y", mais en réalité, je ressens toujours le besoin de faire quelque chose d'actuel au lieu de me tourner vers le passé. Je suis comme ça. Un coffret Cream serait probablement une bonne idée, mais je n'en prendrais jamais l'initiative* [1]. »

Le coffret *Crossroads* (six cent mille exemplaires vendus, le record du genre) lui permit de reprendre confiance en lui : « *Son succès m'a fait un bien immense. Il m'a montré combien de gens m'aimaient pour ce que je suis réellement. J'en avais vraiment besoin, après une décennie à la recherche d'un compromis commercial, sous la pression d'une maison de disques qui ne voulait plus croire en ma valeur intrinsèque.* Crossroads *m'a décomplexé* [2]. »

Après tant d'années d'instabilité, le *desperado* aux yeux luisants d'héroïne était devenu un respectable gentleman. L'homme avait pris de la distance, de l'assurance. Autrefois junkie, alcoolique invétéré, il

1. *Guitar World*, juillet/août 1993.
2. *Libération*, 4 mars 1990.

était maintenant le plus élégant des dandys. Tiré à quatre épingles, il promenait sa Fender « rouge Ferrari » sur les scènes les plus huppées : le 6 juin, il se produisait avec Mark Knopfler et Elton John au désormais rituel Prince's Trust, le 11 au Wembley Stadium pour un concert géant donné en l'honneur de l'actuel président sud-africain, Nelson Mandela.

Début septembre, il démarrait une autre tournée. Phil Collins, parti pour de nouvelles aventures, avait laissé sa place à Steve Ferrone et au percussionniste Ray Cooper. Pour ce nouveau tour du monde, Eric Clapton s'était également adjoint les services du guitariste Mark Knopfler, au style aérien et éblouissant. Dans l'univers du rock, où les susceptibilités sont si aiguës, de tels comportements sont rares, tant les musiciens craignent de se faire voler la vedette par leurs invités. Dans celui du blues, en revanche, on pratique volontiers ce genre de politesse. Eric Clapton n'avait pas peur de la comparaison et, tout au contraire, faisait tout pour mettre son cadet en avant.

« Je pense que Mark Knopfler est unique. C'est avant tout un homme de métier, pour lequel la gloriole ne compte pas, qui n'aime que le travail bien fait. J'ai compris ça en écoutant soigneusement les albums de Dire Straits. Au début, la musique paraît futile, mais plus vous l'entendez, plus vous vous rendez compte qu'elle est extraordinairement riche. D'ailleurs, même leurs premiers titres de la fin des années soixante-dix n'ont pas pris une ride. C'est à ça qu'on fait la différence entre les gens de métier... et les autres [1]. *»*

---

1. *Eric Clapton in his own words, op. cit.*

La tournée ne prit fin qu'en mars 1989. Elle avait été triomphale. Le Japon lui avait réservé un fantastique accueil, Elton John avait même fait le voyage pour le rejoindre sur scène. Eric Clapton était en pleine forme physique. Ils étaient oubliés les concerts où, ivre mort, il devait s'arrêter de jouer au bout de vingt minutes. Un miracle… Keith Richard, à qui on ne se permettrait pas d'en remontrer quant à la consommation d'alcool et de stupéfiants, eut un jour ces mots : « *Quand je vois Eric Clapton aujourd'hui, sachant d'où il vient, j'ai du mal à y croire. Ce mec aurait dû mourir mille fois. Tant d'autres sont morts… Mais lui, c'est différent, il doit avoir un truc à lui. Ce mec est increvable. Ce mec est une légende, et je sais de quoi je parle !* »

Ce « mec », comme le dit affectueusement Keith Richard, possédait-il une force intérieure intense ?

« *Honnêtement, je remercie Dieu d'être encore de ce monde. Il fut une époque où je ne pensais pas arriver à cet âge. J'avais adoré mes vingt ans, j'ai haï mes trente ans. Je ne comprenais pas pourquoi j'étais sur cette Terre. Maintenant que j'ai dépassé la quarantaine, je ne me pose plus la question. Il est probablement trop tard ! J'en aurai bientôt cinquante, et avec un peu de chance, je devrais réussir à m'accomplir à soixante. J'ai lu quelque part que Sting préférait faire du cinéma parce qu'il ne voulait pas finir comme Mick Jagger, à se dandiner sur scène à presque cinquante ans. Ce genre de problème ne me concerne pas, je ne me suis jamais dandiné sur scène, je n'ai pas à m'inquiéter ! Je pourrai continuer à faire ce que, finalement, j'ai fait toute ma vie : jouer du blues* [1] *!* »

---

1. *Op. cit.*

BIBLIOTHÈQU
ST-NORBERT

Mars 1989, Eric Clapton s'installait aux Power Station Studios de New York pour enregistrer son prochain album : *Journeyman*. *Behind the sun* et *August* s'étaient si bien vendus que sa maison de disques renonça à exercer d'autres pressions artistiques. Pour la première fois depuis longtemps, on lui donnait carte blanche.

« *Nous aurions pu faire un disque de blues ou de rhythm'n'blues, ou un disque de rock'n'roll. J'ai voulu que* Journeyman *soit le plus riche possible* [1]. »

Eric Clapton n'avait pas lésiné sur le nombre des participants. L'habituel trio Steve Ferrone, Nathan East et Greg Phillinganes était de la partie. S'étaient également déplacés : le légendaire batteur Jim Keltner, le saxophoniste David Sanborn, Darryl Jones, le futur remplaçant de Bill Wyman au sein des Rolling Stones, Jerry Lynn Williams, l'auteur de *Forever Man*, Linda et Cecil Womack, et… George Harrison !

« *George m'avait invité sur la plupart de ses disques et je me suis aperçu qu'il n'était sur aucun des miens, à l'exception de* Badge *que nous avions écrit ensemble. Les Beatles et le Band ont toujours été mes groupes favoris. Son enthousiasme a été tel qu'il m'a apporté cinq chansons. J'ai choisi* Run so far *parce que c'était la plus personnelle du lot. Son style, très mélodique, et le mien, plus blues, se marient à merveille* [2]. »

Sur *Journeyman*, Eric Clapton démontra qu'il savait tout faire. Du rock vitaminé avec *Pretending*, du blues classique avec le magnifique *Running on faith*, la

---

1. *Eric Clapton, the complete recording sessions, op. cit.*
2. *Libération*, 4 mars 1990.

reprise du *Hard Times* de Ray Charles, ou celle de Bo Diddley, *Before you accuse me*. Il y avait d'autres chansons, plus légères, plus délicates, qui louchaient à la fois sur le style laid-back de *461 Ocean Boulevard*, et sur la pop de haute volée. Il y eut surtout *Old Love*, coécrit avec le bluesman Robert Cray, hymne d'amour déchirant, digne des grandes heures de *Layla*. *Layla…* sa maison de disques y pensait très fort. On lui fit ainsi savoir qu'il serait de bon ton d'écrire un dernier titre de la même veine.

Eric Clapton s'exécuta.

« *Après tout, travailler sur commande n'est pas si dur. On commence par s'asseoir, on réfléchit, et on se dit : "Comment Layla a été composée ? Une belle intro, ensuite modulée le temps du premier couplet, suivi d'un solo de guitare." J'avais justement un riff en tête. Mick Jones, l'ancien du groupe Foreigner a bien voulu me donner un coup de main. Il m'a proposé de mettre un peu de la chanson Badge au milieu. J'ai essayé, ça fonctionnait. Expliqué de la sorte, ça peut sembler froid et impersonnel. Mais, au bout du compte, cette chanson, Bad Love, a fini par avoir sa vie propre [1] !* »

Bad Love fut un succès international. *Journeyman* se vendit au-delà de toute espérance, salué par la critique comme son meilleur album en studio depuis quinze ans. Il était celui de la sérénité retrouvée, comme en témoigne la chanson *Running on faith* :

Récemment, j'ai retrouvé la foi.
Car un homme égaré n'a pas le choix.

1. *Eric Clapton, the complete recording sessions, op. cit.*

192

Un jour, mon âme trouvera la paix.
Quand l'amour y régnera.

Cette fois-ci, le dieu à la main lente était *vraiment* de retour. Consécration suprême, le 18 novembre 1989, il joua au Royal Albert Hall, accompagné par l'un des meilleurs orchestres symphoniques d'Angleterre. Mais le plus beau restait à venir…

*
* *

Le 19 décembre 1989, Convention Center, Atlantic City, New Jersey.

Depuis plus d'une heure, Mick Jagger électrisait l'assistance, courait en tous sens, bondissait, se « dandinait » ! Légèrement en retrait, Keith Richard et Ron Wood, hilares, faisaient couiner leurs guitares. Plus en retrait, Bill Wyman et Charlie Watts assuraient un rythme de métronome.

Soudain, Mick Jagger annonça :

– *Let me introduce you an old friend of mine : Eriiiiiic Claaaaaapton !*

Plusieurs dizaines de milliers de poitrines retinrent leur souffle. Slowhand allait monter sur scène. Lui, l'éternel revenant.

Ce soir-là, bronzé, les cheveux mi-longs, vêtu de sombre, plus élégant que jamais, le dieu à la main lente tomba dans les bras de Keith et Ronnie, les vieux pirates, les amis de toujours.

Ron Wood caressa sa guitare, lui faisant susurrer l'introduction lancinante de *Little Red Rooster*. Un morceau qu'Eric Clapton n'avait quasiment pas interprété depuis vingt ans... Depuis ce mois d'avril 1970 où Howlin' Wolf lui avait appris à le jouer.

Aujourd'hui, le maître, c'était lui. Après quelques mesures, il se lança dans un extraordinaire solo de guitare. À ce niveau, il devenait vain de parler de technique, tant son intervention fut magistrale, presque arrogante. Il ne jouait pas avec Blackie, il lui faisait l'amour, lui extirpait des chapelets de notes virevoltantes. Par moments, Blackie hurlait à s'en rompre les cordes, à d'autres, elle pleurait à fendre l'âme. Eric Clapton jouait vite, jouait fort. Jouait comme jamais il n'avait joué.

Les cinq Rolling Stones en restaient cois, gardaient les yeux fixés sur les mains de Slowhand qui torturaient les cordes de sa Fender. Quand le dieu à la main lente eut achevé son ultime chorus, la salle entière se leva comme un seul homme [1].

Après cette prestation unique, Eric Clapton reprit ses quartiers au Royal Albert Hall. Accompagné par le National Philharmonic Orchestra, il y donna un concert le 8 mars 1991. Cette salle, la plus prestigieuse de Londres était devenue une seconde maison... Du 10 au 17 février, il s'y était produit en compagnie de Steve Ferrone, Nathan East et Greg Phillinganes. Du 18 au 25, l'orchestre avait connu de nouvelles recrues : le pianiste Chuck Leavell, l'infatigable Ray Cooper, les deux choristes Tessa Niles et Katie Kissoon. Du 25 au 28, Eric Clapton faisait fi de ses récentes compositions. L'heure était au blues : une fois de plus, le per-

---

1. Cet instant mémorable est disponible sur *Flashpoint*, l'un des meilleurs albums en public des Rolling Stones.

sonnel avait changé. À ses côtés, un quatuor de virtuoses de la six cordes : Jimmie Vaughan, le frère de Stevie Ray, Albert Collins, Robert Cray et le vieux Buddy Guy. Au piano, Johnnie Johnson, celui qui avait accompagné Chuck Berry durant tant d'années...

Une série de vingt-quatre concerts entrés dans la légende, finalement rassemblés sur l'album *24 Nights*, *opus* magique, sorti en décembre 1991. Accueillant le dieu à la main lente, Patrick Deuchar, le directeur du Royal Albert Hall eut ces mots : « *Toutes les stars du monde sont un jour passées ici. Eric est "la" star !* »

Conforté par les très belles ventes de ce dernier album, conjuguées à celles de *Journeyman*, Eric Clapton avait maintenant toute latitude pour travailler à sa guise. Usant de cette autorité nouvelle, il pesa de tout son poids pour que Buddy Guy, son compagnon de blues, puisse enregistrer un autre album. La maison de disques céda. D'autant plus facilement que Slowhand amenait avec lui les Memphis Horn, la meilleure section de cuivres du monde, et la Telecaster de Jeff Beck.

Damn right, I've got the blues avait tout pour devenir le succès de l'année. Il le devint. Décrocha plus de récompenses que les bras, pourtant musclés, de Buddy Guy ne pouvaient en porter. Eric Clapton, celui que Muddy Waters considérait comme son fils, celui que John Lee Hooker tenait pour le meilleur des bluesmen, s'acquittait de sa dette envers les glorieux ancêtres. Tout jeune, il avait appris à jouer de la guitare en écoutant les disques de Buddy Guy. C'était maintenant son tour de lui renvoyer l'ascenseur.

Le dieu à la main lente était désormais un homme apaisé.

Pourtant, le destin n'en finissait plus de s'acharner sur lui.

Un an auparavant, le 28 août 1990, alors qu'il venait de ravager la scène de l'East Troy Alpine Valley Theater, la joyeuse bande d'amis, Buddy Guy, Robert Cray, Jimmie Vaughan et son frère Stevie Ray, s'envolait dans deux hélicoptères... L'un d'eux n'arriva jamais à destination. Stevie Ray Vaughan y était.

Ils venaient de jouer, tous ensemble, un *Sweet Home Chicago* apocalyptique.

Le lendemain, la nouvelle tombait sur les téléscripteurs : le génie, le surdoué de la guitare avait rendu son âme à Dieu. Stevie Ray Vaughan, celui qui avait rendu tout son lustre au vieux David Bowie en exécutant les solos de *China Girl* et de *Let's dance*, l'homme qu'Eric Clapton tenait pour le maître ultime, venait de mourir. Transformé en chaleur et en lumière. Parce qu'une tempête s'était levée, un soir, et avait projeté son hélicoptère contre un mur de roche...

Comme Eric Clapton, Stevie Ray Vaughan avait traversé les affres de la drogue et de l'alcool...

En juillet 1993, le magazine *Guitar World* demandait au dieu à la main lente :

« *Les intégristes du blues prétendent qu'à l'instar de Robert Johnson ou Stevie Ray Vaughan, vous avez dû plonger dans les abysses insondables de la "musique du diable" et faire l'expérience de la drogue, de l'alcool et de la douleur pour devenir un grand bluesman...* »

Il répondit :

« *C'est le genre de petite histoire qui intéresse les jeunes. Mais il faut savoir que Stevie Ray avait arrêté de boire depuis trois ans. Quand il est mort, il vivait de façon simple et saine. Il était fantastique. Musi-*

calement, il était au sommet de son art. Personne ne lui arrivait à la cheville. Peut-être était-ce le moment pour lui de partir, parce qu'il ne pouvait pas aller plus loin en tant que musicien. »

Afin d'honorer sa mémoire, Buddy Guy lui dédia l'album, *Damn right, I've got the blues.*

Stevie Ray Vaughan avait été un frère pour Eric Clapton. Il avait déjà perdu Duane Allman, Carl Radle, Richard Manuel, Jimi Hendrix ; Jim Gordon interné à vie en hôpital psychiatrique ; Jesse Ed Davis, ancien compagnon des Delaney and Bonnie, décédé d'une overdose ; John Lennon assassiné.

Lui qui avait souffert de n'avoir point de père avait maintenant un fils. Il avait voulu fonder une famille : même s'il ne vivait plus avec la mère de Conor, cet enfant était là pour donner un sens à sa vie.

La vie, justement, en décida autrement.

La Camarde fauchait à tout va.

Mars 1991, le drame.

Conor, son fils, tomba du cinquantième étage d'un immeuble new-yorkais.

Eric Clapton en fut brisé à tout jamais.

Le premier réconfort vint de Keith Richard :

– Tu sais qu'à moi, tu peux tout demander, Eric. Pour toi, je ferais tout, et plus encore.

Mais que pouvait-il faire, ce pauvre Keith ?

Rien.

Ivre de douleur, déchirée de l'intérieur, ravagée par le chagrin, la vieille bête fit comme elle avait toujours fait : elle s'isola pour travailler. Tenter d'oublier…

La presse glosa à n'en plus pouvoir, fit des gros titres, des accroches alléchantes, exposa la mort en gros caractères…

On ne peut pas demander aux journalistes d'être autre chose que des journalistes…

Il aurait fallu se taire.

Eric Clapton choisit de parler.

« *Juste après la mort de mon fils, j'ai travaillé pour ne pas mourir. Je ne parvenais pas à retranscrire mon chagrin. Je voulais le garder pour moi. Rien que pour moi. À mes yeux, Conor était tout. Jamais je n'avais eu de relation aussi intime avec quelqu'un. Il était ma chair, mon sang, mon devenir. Le pire est que lorsque la vie me l'a arraché, j'avais décidé de lui consacrer tout mon temps. J'avais passé ma vie à tendre vers une certaine forme de stabilité, je voulais la lui offrir. J'espérais que toutes les erreurs que j'avais commises, il pourrait les éviter. C'était le dernier défi que je m'étais fixé. Je n'étais pas loin d'y parvenir, et il est mort. J'ai toujours voulu qu'il ait une vraie famille. Ça n'était pas facile pour moi, qui suis toujours entre deux concerts et trois avions. Peut-être qu'un jour, je serai assez mûr pour offrir une vie normale à mes proches. Quand je pense à Conor, je me demande pourquoi lui, et pas moi… Pourquoi ai-je survécu* [1] *?* »

Conor Clapton avait le cheveu blond et un regard d'ange. Comme son père au même âge, la moue était mélancolique, le sourire lointain.

Eric Clapton devait maintenant se remettre à l'ouvrage pour ne pas sombrer.

On lui proposa d'écrire la bande originale d'un film policier : *Rush*. Il accepta. Fidèle à ses habitudes, Eric Clapton enrôla quelques amis choisis dans l'affaire :

---

1. *Eric Clapton in his own words, op. cit.*

Nathan East, Greg Phillinganes, Steve Ferrone et, surtout, Buddy Guy auquel il avait rendu ses galons de star. Tout fut enregistré en un mois, au Village Recorder de Los Angeles. Le résultat confinait au chef-d'œuvre. La bande originale de *Rush* était sombre, crépusculaire, funèbre. Le jeu de guitare, subtil et presque étouffé, rompait avec les envolées passées. *Rush*, ce fut surtout *Tears in heaven*, la première chanson qu'il dédia à son fils.

Continuant de panser ses blessures, il enregistra dans la foulée quatre nouvelles chansons : *Circus has left town*, *My Father's Eyes*, *Lonely Stranger* et *Signe*, qu'il joua lors de l'émission *Unplugged* [1].

« *Conor m'a inspiré six chansons que j'ai commencé à enregistrer à Los Angeles. Chaque jour, je travaille sur d'autres titres. Je ne vois pas d'autres moyens de soigner mon âme, d'essayer de me remettre de cette tragédie* [2]. »

Il finit par en trouver un autre, qui l'avait si souvent aidé à surmonter sa peine : revenir sur scène. Ou, plus précisément, pousser George Harrison à repartir en tournée.

« *George est mon frère. C'est moi qui l'ai poussé à revenir sur sa décision de ne plus faire de scène. Au Brésil, au Zimbabwe, dans les pays où nous allons peu souvent, tout le monde me demandait de ses nouvelles. George ignorait qu'on l'aimait à ce point. Mais il est timide, et encore traumatisé par sa tournée américaine*

---

1. Seules les deux dernières figurent sur l'album. On peut toutefois entendre *Circus has left town* et *My Father's Eyes* sur certains albums pirates.
2. *Eric Clapton, the complete recording sessions, op. cit.*

de 1974 qui avait été une catastrophe. Alors je lui ai proposé de ne s'occuper de rien, de juste venir avec une guitare pour chanter [1]. »

George Harrison, flanqué d'Eric Clapton et de ses musiciens, donna cinq concerts au Japon. Deux à Osaka, trois à Tokyo. L'expérience s'arrêta là, donnant lieu à un double album en public de correcte facture. Slowhand avait tout fait pour sauver la face de son ami. Ce dernier semblait ne plus avoir l'énergie nécessaire. « *C'est tellement dur d'être quelqu'un quand on a été un Beatle* [2] », conclut le dieu à la main lente.

Lui, qui avait été « Dieu », en savait quelque chose.

Le 16 janvier 1992, Eric Clapton enregistrait *Unplugged*, devenu depuis historique.

En mars, il entrait en studio avec Elton John pour enregistrer la chanson *Runaway Train*, destinée au film *L'Arme fatale III*. Les deux hommes entamèrent ensuite une tournée qui les emmena jusqu'à Paris, le 19 juin 1992.

« *Eric Clapton,* expliquait Elton John, hilare, *il viendrait me rejoindre sur scène en portant une jupe, ça ne me dérangerait pas, à condition qu'il n'ait pas oublié sa guitare* [3] *!* »

Sa guitare, justement, il la promenait moins souvent que par le passé. Les derniers mois l'avaient cruellement éprouvé.

Dès lors, sa musique ne fut plus jamais la même.

1. *Libération*, 27 décembre 1991.
2. *Op. cit.*
3. *Eric Clapton in his own words, op. cit.*

IX

UNE PAIX SEREINE

> *Finalement, cette histoire de* « Clapton
> is God » *m'a démoli. J'ai failli y croire ;
> puis en crever en essayant de tuer le
> mythe. Je ne me suis jamais fait au suc-
> cès. La musique que je joue est obscure et
> régionale.*

16 octobre 1992, Madison Square Garden, New York.

Bob Dylan était de retour dans la ville qui l'avait sacré roi dans les années soixante. Trente ans de carrière qu'il venait fêter sur l'une des pelouses les plus célèbres au monde. Ses pairs étaient presque tous de la soirée : Stevie Wonder, Johnny Winter, Willie Nelson, Johnny Cash, George Harrison, Neil Young, le Band (moins Richard Manuel...), Roger McGuinn, Ron Wood, et... Eric Clapton.

Un Eric Clapton décontracté, aux cheveux courts, au costume sombre à la coupe d'une suprême élégance.

Un Eric Clapton que la foule salua d'une fantastique *standing ovation* à laquelle seuls Bob Dylan et l'increvable Neil Young eurent droit.

Flanqué du guitariste Steve Cropper, le compositeur (entre autres succès) du *Dock of the Bay* d'Otis Redding, du bassiste Donald « Duck » Dunn, du batteur Jim Keltner et de quelques autres grandes pointures dont la réputation n'était plus à faire, il entama son set sur un *Love minus zero* lumineux. Ce fut ensuite au tour de *Don't think twice, it's allright*, une deuxième chanson de Bob Dylan qu'il avait somptueusement remaniée avec l'organiste Booker T. Jones [1].

Lors de sa dernière prestation américaine avec les Rolling Stones, Eric Clapton avait ébloui. Ce soir-là, il manqua de provoquer un tremblement de terre. Sa voix était celle d'un vieux loup hargneux. Ses solos, foudroyants, définitifs, tombaient en cascade, tous plus éblouissants les uns que les autres.

Et tout ça sans même froisser son costume Armani !

Mais le véritable événement de la soirée, c'est qu'il y avait des lustres que Blackie n'avait pas sonné aussi « blues ».

Les bruits commencèrent à courir.

La rumeur enfla.

Les fans de la première heure, ceux qui se désespéraient de ses multiples égarements, de son alliance contre nature avec Phil Collins retenaient leur souffle. Le prochain album de Slowhand serait-il enfin

---

1. Sur le double album immortalisant cette soirée, *Love minus zero* ne figure malheureusement pas.

l'hommage qu'il s'était promis de rendre aux douze mesures ?

On osait à peine l'espérer.

Les plus fins limiers essayaient d'en savoir plus, de collationner les indices... Le dieu à la main lente s'était fait discret ces deux dernières années : un *Stone free* d'anthologie, qu'on trouva sur un disque célébrant la mémoire de Jimi Hendrix ; un *You must believe me* des plus swingants, paru sur un album rendant hommage à Curtis Mayfield.

L'enquête piétinait, mais on en savait un peu plus : fort de ses récents succès commerciaux, Eric Clapton revenait à une musique plus authentique, sans que sa maison de disques ne lui réclame d'autres tubes fabriqués sur mesure.

Le 12 septembre 1994, sortait *From the cradle* [1].

Personne n'était au courant. Pris de court, les journalistes parlèrent d'événement, de coup de tonnerre médiatique.

Certains prétendirent qu'il s'agissait de son meilleur disque depuis l'historique *Bluesbreakers with Eric Clapton*.

Il était simplement son *meilleur* album.

Un album de blues, enregistré à l'ancienne, avec des musiciens jouant ensemble dans une pièce sans user d'artifices technologiques. Sa voix avait pris une ampleur inégalée, semblait sortir d'une de ces gorges noires, ramonées au mauvais bourbon et au tabac de contrebande. Sa guitare... sa guitare... n'avait jamais été aussi étincelante. Il en jouait avec une autorité nou-

---

1. Littéralement : « Du berceau ».

velle, comme si chaque note égrenée était une seconde de bonheur arrachée à la mort.

Seize morceaux, seize blues, tous des classiques signés des glorieux ancêtres, qui s'ouvraient sur ces quelques vers, signés de la main d'Eric Clapton :

> *J'ai parcouru ce long chemin...*
> *Mon cœur a trahi mon âme, épuisée,*
> *Je n'avais plus que mon amour à sauver,*
> *Du berceau jusqu'à la tombe...*

En effet, que de chemin parcouru...

Les lointaines années des Yardbirds, durant lesquelles l'enfant oubliait le père qu'il n'avait jamais eu, aiguisait son mal de vivre sur ses premières guitares. Le temps des Bluesbreakers, qui le déifia du jour au lendemain. Il y eut celui de Cream et de Blind Faith, où le bruit et la fureur régnèrent en maître. Puis, le temps des drogues, de l'amour fou, de *Layla*. Les hauts, les bas... « *Dans les moments les plus atroces,* se souvient-il, *quand je ne croyais plus en rien, je savais qu'il me restait au moins ma guitare. Pour m'en sortir et gagner ma croûte* [1] *!* »

Il y eut surtout le temps de la drogue, de l'alcool, de l'interminable cohorte des amis qui mouraient les uns après les autres. La mort de son fils...

« *J'y pense souvent. Je dois être béni. Il y a sûrement une raison, mais je ne vois pas laquelle. Si on ne me donnait ne serait-ce qu'un début de réponse à la question "pourquoi m'en suis-je sorti ?", je pourrais bien devenir fou à lier. Le simple fait d'être encore là*

---

1. *Libération*, 17 janvier 1987.

204

m'incite à remercier le ciel de m'avoir gardé en vie jusqu'à aujourd'hui. Le meilleur moyen d'exprimer ma reconnaissance, c'est de faire une musique accessible à tous, une musique qui fasse du bien à tous ceux qui l'écoutent [1]. »

Était-ce parce qu'il y avait une telle imbrication entre sa vie, ses souffrances et sa musique que cette dernière avait tant marqué les esprits ? Il est certain qu'elle y gagna une crédibilité dont peu d'artistes peuvent se prévaloir. Pour autant, elle ne releva pas chez lui d'un quelconque masochisme. Sa souffrance, celle d'avoir survécu alors que tant d'autres étaient morts autour de lui, il la transcenda. En musique.

Son attitude aurait pu être misérabiliste, elle fut toujours positive. Comme si les épreuves n'existaient que pour lui permettre de mieux les surmonter.

Eric Clapton est un personnage complexe. Vouloir le réduire à une seule facette de son caractère serait vain. En faire un portrait plus « intime », serait indécent. L'homme s'explique avant tout par son itinéraire. Le sien peut paraître complexe, mais obéit à une ligne directrice, un code d'honneur auquel il s'est toujours gardé de faire entorse.

Enfant, il souffrit de ne point avoir de père.

Le blues est-il fatalement une musique de douleur ?

Les Noirs du Sud, orphelins de leur terre natale, qui la jouaient au début du siècle, pouvaient écoper de dix à vingt ans de prison pour avoir simplement marché sur un trottoir réservé aux Blancs...

« J'étais bâtard et orphelin, seul et abandonné. Ça m'a sans doute donné un lien privilégié avec l'expé-

---

1. *Guitar World*, juillet 1993.

*rience de ces Noirs américains, même s'il était plus
existentiel que social* [1]. »

D'où cette perpétuelle obsession de la paternité, de
la famille. Jack Clapp, son grand-père, était homme de
métier, au sens le plus noble du terme. Eric Clapton
s'appliqua à être à la hauteur d'un si bel exemple.
Perfectionniste notoire, éternel insatisfait, il perpétue,
à sa façon, la tradition de la belle ouvrage, des maîtres
compagnons, des bâtisseurs de cathédrales. Certains
s'échinaient à polir la pierre ; il lisse les notes de sa
guitare, espérant qu'un jour, en sortira la note parfaite,
la note bleue...

Il est homme de métier, il est aussi gentleman et
esthète.

La beauté, il l'a toujours célébrée. Sous toutes ses
formes.

« *Ma vie durant, j'ai aimé les belles choses. Les
beaux vêtements, les beaux bijoux, les belles voitures,
la belle peinture, la belle musique, et surtout... les
belles femmes ! Je crois en avoir aimé plus d'un mil-
lier dans ma vie. C'était un rêve d'enfant. Je suis heureux de l'avoir accompli* [2]. »

Gentleman... comme gentilhomme...

Comme homme d'honneur.

Une éthique qui le pousse à rendre hommage aux
pères fondateurs du blues. Ils lui ont tant donné, tant
appris. Il s'applique à leur rendre cet amour.

De Muddy Waters, il disait à la télévision anglaise :

1. *Libération*, 4 mars 1990.
2. *Eric Clapton in his own words, op. cit.*
À propos de voitures, E. C. possède une superbe collection de
Ferrari.

*« Dans ma vie, j'ai eu une très grande chance :
celle de rencontrer cet homme. Il était une sorte de
réincarnation de Bouddha. Il était si calme, si serein.
Muddy savait que je me battais pour retrouver mon
identité. Alors, chaque fois qu'il le pouvait, il me
remettait doucement sur la bonne voie. »*

Comme Johnny Winter ou John Mayall, Eric Clapton a été – est toujours – attentif à aider, à accueillir sur scène et en studio ces vieux bluesmen dont la situation était si souvent précaire.

Comme tout homme d'honneur, Eric Clapton est avant tout un bluesman.

Traditionnellement, le bluesman est un porte-parole. Comme le griot africain ou, dans une moindre mesure, le troubadour de jadis. Conteur, poète, musicien itinérant, il se fait l'interprète d'un groupe ou d'une communauté. En décrivant son quotidien, son vécu, son expérience, le bluesman est à la fois le chroniqueur et l'acteur d'un monde souvent hostile.

Eric Clapton est le griot des temps modernes.

Une telle attitude lui a permis de gagner un public des plus hétéroclites. Ces flagrantes disparités sociales, culturelles, ethniques ou de génération ne s'expliquent que parce que ces millions de personnes communient dans le même amour du blues en général, du sien en particulier. S'il fallait trouver un dénominateur commun à tous ces gens, ce serait évidemment la lucidité.

Eric Clapton porte un regard aigu sur le monde, en connaît les failles et les injustices, les gros malheurs et les petits bonheurs. Il ne veut pas révolutionner le cours de la vie, il constate le cours des choses.

Et c'est parce que le blues exalte l'essence de la vie qu'il est une musique essentielle. Qui touche à la fois l'esprit, le cœur et l'âme, apporte la joie et la paix intérieure.

La recherche de la sérénité permet de comprendre, à elle seule, la personnalité du chevalier à la six cordes.

Il la chercha longtemps, il la trouve en revenant aux sources.

From the cradle, titre de son dernier disque en date..

« Du berceau »… et même « jusqu'à la tombe », tel qu'il l'écrit sur le livret du disque.

Une boucle semble s'être bouclée. Trente années de quête pour retourner à ce blues enfoui dans le jardin secret de son cœur, ce blues qu'il n'avait jamais vraiment quitté.

Eric, le sage, désormais au sommet de son art, fort des racines retrouvées n'a certainement pas exorcisé tous ses démons. Maintenant, un nouveau *Crossroads* [1] s'offre à lui. Il connaît déjà les chemins des plaisirs faciles et artificiels, les chemins de la douleur et des sacrifices.

Il ne lui reste plus qu'à explorer ceux de la liberté.

Ce ne serait que justice qu'il puisse en ouvrir les portes.

From the cradle est, à ce jour, son meilleur album.

Le hasard n'a définitivement rien à voir dans cette affaire.

Paris, novembre 1994

---

1. *Crossroads* (carrefour, croisée des chemins) était une chanson composée par Robert Johnson, reprise régulièrement sur scène par Eric Clapton. Son titre évoque le prétendu pacte passé par ce musicien afin de devenir le meilleur musicien de tous les temps. Le rendez-vous aurait eu lieu à minuit, au carrefour dont il est question dans ce morceau. Un thème souvent développé par d'autres artistes de blues. Eric Clapton semble avoir été longtemps fasciné par cette légende.

REMERCIEMENTS

Au p'tit Charbaud, qui a bien aidé, malgré son jeune âge.

À Jean Néaumet, qui a tant fait pour cet ouvrage.

À Marc Roberty, pour sa précieuse documentation.

À Eric Clapton, qui a suscité tant de vocations, nous a ouvert la voie royale du blues de l'an 2000 : plus qu'une musique ou un simple état d'esprit, il en a fait un art de vivre, une philosophie du quotidien.

DISCOGRAPHIE SÉLECTIVE

THE YARDBIRDS
Five Live Yardbirds. 1964,
Columbia.
Sonny Boy Williamson
and the Yardbirds. 1966,
Fontana.

JOHN MAYALL'S BLUES-
BREAKERS
Bluesbreakers with Eric
Clapton. 1966, Decca.

CREAM
Fresh Cream. 1966, Reaction.
Disraeli Gears. 1967,
Reaction.
Wheels of Fire. 1968,
Polydor.
Goodbye Cream. 1969,
Polydor.
Live Cream. 1970, Polydor.
Live Cream II. 1972, Polydor.

The Very Best of Cream.
1983, Polydor.

BLIND FAITH
Blind Faith. (Ce CD propose
deux inédits enregistrés lors des
sessions de l'album de Rick
Grech.) 1969, Polydor.

DELANEY and BONNIE
On tour. 1970, Atlantic.

PLASTIC ONO BAND
Live Peace in Toronto.
1969, Apple.
Sometime in New York
City. 1972, Apple.

DEREK AND THE DOMINOS
Layla and other assorted
love songs. (En 1990, Polydor

a sorti un superbe coffret d'anniversaire de trois CD comptant nombre d'inédits.) 1970, Polydor.

ERIC CLAPTON
Eric Clapton. 1970, Polydor.
Eric Clapton's Rainbow Concert. (En public.) 1973, RSO.
461 Ocean Boulevard. 1974, RSO.
There's one in every crowd. 1975, RSO.
E. C. was here. (En public.) 1975, RSO.
No reason to cry. 1976, RSO.
Slowhand. 1977, RSO.
Backless. 1978, RSO.
Just one night. (Double CD en public.) 1980, RSO.
Another ticket. 1981, RSO.
Time Pieces. (Compilation où l'on trouve la seule version en studio de *Knockin' on heaven's door.*) 1982, RSO.
Money and Cigarettes. 1983, Duck.
Time Pieces II. (Compilation en public où l'on trouve deux inédits, *Smile* et *Knockin' on heaven's door*. Ce dernier était censé figurer dans *Just one night.*) 1983, RSO.
Behind the sun. 1985, Duck.
Edge of Darkness. 1985, BBC.
August. 1986, Duck.
L'Arme fatale, la bande originale. 1987, Warner.
Crossroads. (Coffret de quatre CD retraçant la carrière d'Eric Clapton, de 1966 à 1986.) 1988, Polydor.
Homeboy, la bande originale. 1988, Virgin.
L'Arme fatale II, la bande originale. 1988, Warner.
Journeyman. 1989, Duck.
24 Nights. (Double CD en public.) 1991, Duck.
Rush, la bande originale. 1992, Duck.
L'Arme fatale III, la bande originale. 1992, Warner.
Unplugged. 1992, Duck.
From the cradle. 1994, Duck.

Cet ouvrage a été réalisé par la
SOCIÉTÉ NOUVELLE FIRMIN-DIDOT
Mesnil-sur-l'Estrée
pour le compte des Éditions du Rocher
en novembre 1994

Éditions du Rocher
28, rue Comte-Félix-Gastaldi
Monaco

Imprimé en France
Dépôt légal : novembre 1994
CNE section commerce et industrie Monaco : 19023
N° d'impression : 28829